HISTOIRE

DE

JEANNE

DE CONSTANTINOPLE,

COMTESSE DE FLANDRE ET DE HAINAUT,

PAR

EDWARD LE GLAY.

LILLE,

VANACKERE, IMPRIMEUR-LIBRAIRE.

1841.

HISTOIRE

DE

JEANNE,

COMTESSE DE FLANDRE ET DE HAINAUT.

HISTOIRE

DE

JEANNE

DE CONSTANTINOPLE,

COMTESSE DE FLANDRE ET DE HAINAUT,

PAR

EDWARD LE GLAY.

LILLE,

VANACKERE, IMPRIMEUR-LIBRAIRE.

1841.

Cet ouvrage se trouve également

A Paris, chez DERACHE, Libraire, rue du Bouloy, N.º 7,
Et chez les principaux Libraires du Nord de la France et de la
Belgique.

Les pages qu'on va lire ne forment , à proprement
parler , qu'un épisode de l'histoire de Flandre et de
Hainaut. Il y avait à choisir entre tous les personnages fameux qui ont régné sur ces belles contrées; et
certes , la matière abonde. Depuis ces forestiers
semi-fabuleux , jusqu'au téméraire bourguignon qui
se fit tuer sous les murs de Nancy , les sujets héroïques ne manquent pas.

Pour essayer nos forces et signaler notre début
dans une carrière qu'il nous serait doux de parcou-
rir entièrement , nous avons adopté une période
également éloignée des temps modernes et des âges

obscurs où l'histoire ne marche, pour ainsi dire, qu'avec un bandeau sur les yeux.

A cette époque intermédiaire qui vit mourir Philippe-Auguste et naître saint Louis, la maison de Flandre jetait un grand éclat. Victorieuse dans l'orient, elle s'était assise sur le trône impérial de Byzance. Le glorieux Bauduin avait laissé le gouvernement de ses états héréditaires à un enfant, à une jeune fille. Que deviendra le pays dans des mains si faibles ? D'un côté, un tuteur inhabile et peut-être mal intentionné ; de l'autre, un suzerain qui ne serait pas fâché de neutraliser cette puissance flamande déjà si menaçante et que le grand choc de Bouvines put bien amortir, mais qu'il ne détruisit pas.

Nous avons trouvé du charme, il faut l'avouer, dans les événements tout dramatiques qui signalent le règne de cette femme sans cesse éprouvée, toujours courageuse. Et si enfin nous nous sommes pris pour elle d'une sorte d'affection respectueuse, c'est après l'avoir froidement examinée dans toutes les phases de sa vie.

Nous aussi, nous avions prêté l'oreille à ces rumeurs accusatrices inventées par une fourberie coutemporaine, accueillies vaguement par la crédulité populaire, et reproduites de siècle en siècle par l'ignorance, l'amour du merveilleux, et sans doute, par je ne sais quelle prévention malveillante, qui s'attaque volontiers aux noms illustres. Mais, grâces à Dieu, ces préventions sont tombées bientôt devant l'étude consciencieuse des faits et des personnes.

La fille de Bauduin nous est donc apparue, non pas telle qu'ont voulu la peindre deux ou trois chroniqueurs obscurs ou menteurs, et, entr'autres, ce Mathieu Pâris, que la critique a qualifié *le moins croyable des historiens;* elle s'est montrée à nous telle que, du reste, elle a été célébrée par les historiens les plus renommés et les plus équitables.

Nonobstant une fortune trop rigoureuse, contre laquelle elle sut toujours lutter avec une mâle énergie, les quarante années de son règne furent marquées par des actes nombreux qui décèlent un esprit droit et ferme, un cœur généreux et noble. En un mot, beaucoup de bien et peu de fautes dans sa vie publique, pas une tâche dans son existence privée.

Jusqu'à présent, la vie de Jeanne de Flandre n'avait pas été écrite. Les chroniqueurs, les historiens n'ont parlé d'elle qu'en passant. On a tenté ici d'en faire l'objet d'une monographie spéciale, et, à cet effet, les recherches n'ont pas été épargnées. Les documents connus ne suffisaient guères ; ils s'en est présenté d'autres qui, sans modifier essentiellement les récits de nos devanciers, ont néanmoins apporté un jour nouveau sur quelques points obscurs et, peut-être, ont servi à mieux coordonner les faits.

L'auteur enfin n'a point cherché à étonner par la hardiesse de ses assertions. Il a pris les événements tels qu'ils se sont offerts à lui et ne s'est point étudié à les dénaturer par des explications plus ou moins hasardeuses, genre de mérite peu compatible avec l'amour du vrai. Il faut se tenir en garde contre cette manie du paradoxe qui, de nos jours, voudrait envahir jusqu'au domaine de l'histoire. Ce qui importe, ce n'est pas de dire du nouveau, c'est de dire la vérité. Nous croyons l'avoir dite toujours. Plaise à Dieu que toujours aussi l'expression ait bien servi notre pensée !

HISTOIRE

DE

JEANNE

DE CONSTANTINOPLE,

COMTESSE DE FLANDRE ET DE HAINAUT.

I.

Comment Jeanne devint orpheline et comtesse de Flandre en son bas-âge. Comment elle épousa le fils du roi de Portugal et ce qui s'en suivit.

L'histoire de la comtesse Jeanne commence avec le treizième siècle. Le mercredi des cendres de l'année 1201, la Flandre avait vu s'accomplir dans l'église de St.-Donat, de Bruges, un grand événement : elle avait vu Bauduin IX, son souverain, et les plus illustres d'entre les chevaliers du pays, prendre la croix pour la délivrance des lieux saints. Puis, l'année suivante, tout ce monde était parti; et la Flandre n'avait conservé de la famille de ses comtes que deux jeunes enfants, frêle et précieux dépôt sur lequel reposaient désormais toutes ses destinées. C'était deux filles. Jeanne, l'aînée, avait alors près de quinze ans; ¹ Marguerite sa sœur quittait à peine la

¹ On ne sait pas au juste en quelle année Jeanne vint au monde. Les historiens du Hainaut disent que ce fut en 1188; Meyer, en 1190. Dans tous les cas, l'on n'avait jusqu'à présent aucune notion sur les circonstances de sa naissance. Mon père a trouvé à cet égard un document curieux que je crois inédit et qui mérite d'être inséré ici. Il est extrait de la *Vie du Bienheureux Jean*, premier abbé de Cantimpré. L'auteur, Thomas de Cantimpré, écrivait en 1253, c'est-à-dire du vivant même de la comtesse Jeanne. Son récit a donc tout l'intérêt d'un mémoire contemporain. En voici la traduction : « La comtesse (Marie de Champagne, femme de Baudouin IX), long-temps stérile, devint enfin grosse pendant son séjour à Valenciennes. Arrivée à terme, elle fut atteinte de douleurs incroyables. Déjà neuf jours s'étaient écoulés dans ce travail plein d'angoisses, lorsqu'elle fit appeler à elle le serviteur de Dieu (l'abbé Jean). Sitôt qu'il fut entré, « Mon père, s'écria la comtesse, ayez pitié de mes souffrances et mettez-vous en prières pour moi. » Touché de ses larmes, Jean se retira en sanglotant dans l'oratoire, et levant les mains au ciel : « Seigneur, dit-il, vous qui, pour châtier la transgression de nos premiers pères, avez condamné la femme à enfanter avec douleur, et l'homme, son complice, à gagner le pain de chaque jour à la sueur de son front, exaucez nos prières et faites que cette femme, qui se confie en votre miséricorde et vous invoque par ma voix, soit enfin délivrée des longues douleurs qu'elle endure, et qu'elle mette au monde un enfant, pour le salut et le bonheur de la patrie! » A peine l'homme de Dieu avait achevé son oraison, que les chambrières de la comtesse accoururent en grande liesse et jubilation à la porte de l'oratoire, annonçant au saint homme que leur dame et maîtresse venait de mettre au monde un enfant du sexe féminin, et à l'instant, les grandes dames de la cour apportent à Jean l'enfant nouveau-né, comme le fruit de ses prières. L'ami du Seigneur rendit grâces à Dieu et couvrit la petite fille de ses bénédictions. Ensuite, on la

mamelle. Il s'écoula bien long temps sans qu'on eût en Flandre nouvelle certaine des croisés ; seulement, en 1206, il y courut d'étranges bruits. Le comte Bauduin, après de merveilleux faits d'armes, était monté sur le trône impérial d'Orient, puis, il avait disparu dans une lointaine expédition contre les Bulgares. A cette nouvelle qui répandit dans le pays une grande tristesse, en succéda rapidement une autre. On disait que le comte n'était pas mort comme on l'avait pensé ; qu'il s'était échappé des mains des Sarrasins, et bien plus, qu'il arriverait soudainement en Flandre. La perplexité fut grande ; car on l'aimait beaucoup ; l'agitation fut extrême jusqu'à ce qu'enfin l'on publia dans les deux comtés des lettres arrivées d'Orient. Ces lettres, écrites par Henri, frère du comte Bauduin et son successeur à l'empire de Constantinople,

« porta sur les saints fonts de baptême, et, suivant l'ordre du comte
« et de la comtesse, on la nomma JEANNE, bien que personne jusque-
« là, n'eût été appelé de ce nom dans la famille des comtes de Flan-
« dre. Or, c'est cette même Jeanne, qui plus tard prit pour époux le
« fils du roi de Portugal, et qui, aujourd'hui, gouverne si bien les
« comtés de Flandre et de Hainaut. C'est elle que nous avons vue na-
« guères inspirée, il faut le croire, par les mérites du saint homme,
« renoncer aux vanités du monde, avec sa famille et son époux, et
« fonder auprès de la ville de Lille, un riche monastère en l'honneur
« de la glorieuse vierge Marie, etc. » — *Vita B. Johannis, primi abba-
tis Cantipratensis, Auctore Thoma Cantipratensi*, lib. III, cap. 4.
Manuscrit de la Bibliothèque de M. Le Glay.

Jeanne et Marguerite sa sœur furent baptisées en l'église Saint-Jean de Valenciennes, comme le prouve une Charte rapportée par d'Outreman « Nos Margarita, Flandriæ et Haynoniæ comitissa, notum facimus universis, quod nos ecclesiam Sancti Joannis Baptistæ de Valencenis, in quâ domina et soror nostra Joanna, quondam Flandriæ et Haynoniæ comitissa, et nos M. comitissa prædicta fuimus regeneratæ sacri baptismatis unda, etc. Datum anno domini millesimo ducentesimo septuagesimo octavo, mense novembri. »

contenaient le récit détaillé de la mort du malheureux prince. Dans une bataille contre les Valaques, les Bulgares, les Grecs rebelles et les Turcs, l'empereur s'était précipité parmi ces barbares, la hache à la main, et y avait trouvé un glorieux trépas. Cependant, il y eut encore des gens qui restèrent convaincus que leur bon souverain devait bientôt apparaître au milieu d'eux. Il en est ainsi toutes les fois qu'un personnage héroïque vient à mourir loin des siens; le vulgaire qui n'a point vu et touché son cercueil, hoche la tête en signe de défiance. Pour lui tout grand homme est immortel. On verra plus tard ce qui advint de cette fatale croyance.

Voici donc Jeanne et sa sœur orphelines; car leur mère, Marie de Champagne, était morte dès 1203, sur la plage de Saint-Jean-d'Acre, allant rejoindre son mari. ¹ Elles vivaient au château de Gand, sous la garde et tutéle de leur oncle Philippe, comte de Namur. Mais bien mal prit au comte Bauduin d'avoir laissé ses filles en de telles mains. A peine la mort du père fut-elle connue que le tuteur vendit les enfants au roi de France, et voici comme. Philippe-Auguste avait grand'peur que le roi d'Angleterre n'épousât Jeanne, devenue comtesse de Flandre et de Hainaut; et en effet les Flamands paraissaient assez disposés à la lui offrir. Il séduisit le comte

---

¹ Les uns disent qu'elle succomba à la joie d'apprendre l'élection de son époux à l'empire, d'autres qu'elle mourut tout simplement de la peste.

de Namur en lui donnant pour femme sa fille Marie, veuve d'Arthur de Bretagne, et se fit livrer en échange les deux jeunes princesses. C'était à tous égards pour le roi un marché d'or. Les Flamands et les Hennuyers en conçurent un si vif ressentiment, poursuivirent Philippe de Namur de si amers reproches, que le faible tuteur n'eut rien de mieux à faire que de se laisser mourir de chagrin en 1213. [1] Les historiens du temps racontent que, pour expier la faute qu'il avait commise de sacrifier Jeanne à la politique du roi de France, il voulut se confesser solennellement à quatre prélats, les abbés de Cambron, de Villers, de Marchiennes et de St.-Jean. Puis, l'heure de sa mort approchant, il se fit attacher une corde au cou et traîner en cet état à travers les rues et carrefours de Valenciennes, criant à qui voulait l'entendre : *J'ai vécu en chien, il faut que je meure en chien.* [2] Jeanne et sa sœur n'en étaient pas moins au Louvre sous la main rapace de Philippe-Auguste.

Elles y restèrent jusqu'à ce que les habitans de la Flandre et du Hainaut les réclamèrent avec tant d'énergie qu'il fallut bien les leur renvoyer. Ils se seraient donnés au roi d'Angle-

[1] D'Oudegherst se trompe en disant que Philippe de Namur trépassa en 1211. Il existe aux archives générales, à Lille, un acte original de ce même Philippe, portant la date de 1212. Il mourut en 1213, s'il faut en croire l'épitaphe rapportée dans l'*Histoire de Namur*, 1788, I, 219.

[2] Albéric, 1213. — Cœsarius d'Heisterback, *dial.* I. 2. — Jean-Brustemius. — Anselme de Liège. — D'Outreman, *Hist. de Valenciennes*, 540. — Delewarde, *Hist. gén. du Hainaut*, III, 384.

terre, qui justement alors s'appelait Jean-sans-Terre, plutôt
que de ne pas ravoir leur jeune suzeraine. Ils en firent du
moins sérieusement la menace. Philippe-Auguste céda devant
un tel argument. Il renvoya Jeanne et Marguerite à Bruges ;
mais pour ne pas tout perdre, il avait eu soin au préalable de
préparer une alliance dont il pût tirer parti, le cas échéant.
C'est alors que, par l'entremise de la reine Mathilde, veuve du
comte de Flandre Philippe d'Alsace, fut conclu le mariage
de Jeanne avec Fernand, son neveu, fils de Sanche I.er, roi
en Portugal. Ceci se passait en 1211. Jeanne avait alors
23 ans. S'il faut en croire les monuments contemporains que
vous avons sous les yeux, Jeanne était à cette époque une
belle jeune fille à la taille élancée, aux cheveux longs et flot-
tants sur ses épaules. Pour tout ornement, un cercle de perles
entoure sa tête. Une simple tunique l'enveloppe chastement et
elle agace du doigt le faucon qui perche sur le pouce de sa
main gauche, à la mode du temps.

Les nôces furent célébrées à Paris avec une magnificence
extraordinaire, aux frais des bonnes villes de Flandre et de
Hainaut toutefois. On se livra à cette occasion, dit le cordelier Jacques de Guyse, à une allégresse inexprimable, sans
songer à cette parole du sage : que *l'excès de la joie est voisin
de la douleur.* ' En effet, la série des infortunes de Jeanne
va seulement se dérouler à partir de cette union fatale.

' *Annales du Hainaut*, édition de M. le marquis de Fortia, XIV, 11

Le roi de France n'avait pas marié la jeune comtesse pour le seul plaisir de la marier. Il s'était fait promettre à l'avance par Fernand, les villes d'Aire et de St.-Omer, que jadis le comte Bauduin avait conquises. Fernand, trop heureux d'épouser l'héritière de Flandre, avait tout promis, sans s'inquiéter s'il n'allait pas de la sorte se rendre odieux à ses nouveaux sujets. C'est ce qui advint pourtant ; et le Portugais n'obtint pas même en compensation la bienveillance de Philippe-Auguste, prince trop politique pour avoir le cœur placé ailleurs que dans la tête.

Les jeunes époux, après les fêtes, s'en allaient joyeusement prendre possession de leurs vastes et beaux domaines. Arrivés à Péronne, ils ne sont pas peu surpris d'y trouver Louis, fils du roi, en grande escorte de gens d'armes. Le prince français avait quitté la noce pour venir en guet-apens saisir les mariés au passage. Philippe-Auguste craignait, sans doute, que les villes d'Aire et de St.-Omer, promises par Fernand, ne lui échappassent : il avait cru prudent, tout en faisant danser les mariés à Paris, d'ordonner à son fils d'aller leur préparer pour chambre nuptiale ce donjon de Péronne, où en ce temps là, sans doute, n'était pas éteint le souvenir sanglant du roi Charles-le-Simple, qui y périt de si triste mort, comme chacun sait. Le château de Péronne, témoin depuis lors de tant d'événemens bizarres, devait voir encore s'accomplir dans ses murs un des épisodes les plus saillants de la vie de Jeanne de Flandre. — En attendant elle y fesait le premier apprentissage du malheur.

Lorsque Louis de France se fut emparé des villes en question, lorsqu'il eut massacré à souhait tout ce qu'il y avait rencontré de Flamands fidèles, Jeanne et son mari furent mis en liberté. Telle était la diplomatie du temps.

Fernand ne pardonna jamais l'odieuse violence dont sa jeune épouse et lui furent l'objet dans cette circonstance. Désormais ennemi mortel du roi de France, il arrivait néanmoins dans ses nouveaux états plus impopulaire qu'on ne saurait dire. Voici, d'après un vieil auteur, ce que la pauvre Jeanne aurait été obligée d'entendre de la bouche d'un des plus hauts barons du pays : « Dame, lui dit le sire de Tournai
» moult aigrement, vous nous avez laidement servis : car
» vostre mari est serf du roy de France et s'en vanta le roy
» en nostre présence à Paris et que si fut son père et le roy de
» Portugal qui est à présent. Or est ainsi que nul serf ne peut
» tenir plain pied de terre que son seigneur n'aist si luy plaist ;
» ou il le peult faire pendre ou faire noyer se il mesprent rien
» envers luy. Dame, prenés vostre serf, qu'il soit mauldit de
» Dieu et vous en allés en Portugal où sont les serves gens ;
» car jamais serf n'aura sur les Flamands aulcune mestrise ;
» et veuillés bien sçavoir que si Fernand est encore XV jours
» par deça, nous luy ferons couper la teste. » [1]

On ne se contentait pas de faire un crime à Jeanne d'avoir épousé Fernand, sans s'inquiéter si elle n'avait pas eu la

---

[1] *Le livre de Baudoyn conte de Flandres* publié par MM. Serrure et Voisin, *Introd.* XV.

main forcée : on lui mettait encore en perspective une tête coupée.

A une journée de marche de Péronne , Jeanne , qui venait d'éprouver tant d'émotions diverses , tombe malade. Une fièvre violente s'empare d'elle. La reine Mathilde était pour lors à Douai. Fernand la laisse à ses soins ; il se présente à Lille , à Courtrai , à Ypres et à Bruges. On l'y reçoit tant bien que mal. A Gand , c'est autre chose : on lui ferme la porte. — Allez chercher votre femme qui est notre légitime souveraine , lui dit-on : sans elle on n'entre pas. — Ces Gantois ont toujours été les plus fiers bourgeois du monde. Le comte Fernand, fort de la présence des grands vassaux qui l'entouraient , fait mine de vouloir regimber. Les Gantois , ayant à leur tête Rasse de Gavre et Arnoul d'Audenaerde , sortent des murs, le poursuivent ; et il eût été infailliblement écrasé si par hasard il ne s'était trouvé , entre les bourgeois et lui, un pont qu'il fit couper en toute hâte , ce qui le sauva. Les Gantois , pour se consoler d'avoir manqué leur coup , s'en allèrent piller Courtrai avant de rentrer chez eux.

Fernand mettait le pied en Flandre pour la première fois sous de malheureux auspices. Il en était au désespoir. Pour faire acte de souveraineté , il aurait bien volontiers repris Aire et Saint-Omer sur le fils du roi de France ; et il allait dans les boutades de sa mauvaise humeur se fourvoyer de nouveau , peut-être , en quelque fausse démarche. Déjà il avait fait approvisionner Lille et Douai, et il se disposait à marcher contre Louis, qui l'attendait à Arras. Jeanne l'apaisa.

On se rendit de part et d'autre entre Lens et Pont-à-Wendin, sur les confins des pays d'Artois et de Flandre; et là, le 24 février 1211, on fit la paix, c'est-à-dire qu'on laissa les choses dans ce que nous appelons aujourd'hui le *statu quo* ou à peu près. [1] Un an s'était à peine écoulé que la Flandre était envahie et saccagée par Philippe-Auguste. Il est vrai que Fernand avait, dans une assemblée tenue à Soissons, refusé solennellement assistance à son suzerain, qui préparait alors une expédition contre l'Angleterre. Le roi savait ou ne savait pas que Fernand avait fait alliance avec Jean-sans-Terre. [2] Une fois rentré en grâce près des

[1] Fernand et Jeanne remirent définitivement et à toujours, à Louis, fils aîné du roi et à ses hoirs, comme étant aux droits de sa mère Isabelle de Hainaut, les villes d'Aire et de St Omer. Ils lui donnèrent pour cautions de leurs promesses, Jean de Neelle, châtelain de Bruges, Sohier, châtelain de Gand, Baudouin de Comines, Michel de Harnes, Roger, châtelain de Lille, Sibille de Wavrin et Hellin, son fils. De son côté, le fils du roi promit de ne jamais rien réclamer dans le comté de Flandre, excepté ce dont il est en possession, et il donne pour ôtages de cette promesse: l'avoué de Béthune, Sibille de Wavrin, Hellin son fils, le seigneur d'Oisy, Jean de Lens, le châtelain de Saint-Omer et Michel de Harnes. Cet acte existe en original aux archives des comtes d'Artois, à Arras: on le conserve aussi aux archives générales de Lille, (1.er cart. d'Artois, pièce 193.) Il a été en outre imprimé dans les *Preuves de la Maison de Béthune*, par Duchesne, p. 88, et plus récemment, dans les *Pièces Justificatives* de l'excellente *Histoire de Flandre* de M. Warnkœnig. I, 346.

[2] Nonobstant l'hommage qu'il avait prêté au roi le 22 janvier 1211, et dont la teneur commence ainsi: *Ego Fernandus, comes Flandriæ et Hainoniæ, notum facio universis, quod ego sum homo ligius domini mei*

Gantois , au moyen d'un accroissement de libertés commu-
niales qu'il fut bien obligé de leur octroyer , le prince avait
repris ses idées de vengeance. Rasse de Gavre et Arnoul
d'Audenaerde , ces deux chevaliers qui , l'année précédente ,
l'avaient pourchassé de si belle façon à la tête des Gantois , il
en avait fait ses meilleurs amis , par la raison qu'ils détes-
taient les Français. Le souvenir de la prison de Péronne était
toujours présent à sa pensée. L'on raconte qu'à ce motif de
haine contre Philippe-Auguste s'en était joint un autre. Voici
ce qu'on lit dans la chronique de Ricber : « Il y avait en Flan-
» dre un certain comte nommé Fernand , qui avait épousé la
» cousine du roi de France. Un jour que celle-ci, jouant aux
» échecs, avait fait son mari échec et mat à plusieurs reprises ,
» le comte Fernand la frappa et la traita malhonnêtement. La

illustris Franciæ regis Philippi contra omnes homines et feminas qui pos-
sunt vivere et mori ; et juravi eidem, quod ego ei faciam bonum servitium et
fidele , NEQUE DE EO DEFICIAM QUAMDIU IPSE VOLUERIT MIHI FACERE RECTUM
CURIÆ SUÆ , etc. La formule neque de eo deficiam quamdiu , etc. , était
prudente. Il est bon de remarquer ici que ce n'est pas Jeanne , souveraine de Flandre et de Hainaut, du chef de son père , qui fait hommage , mais bien son mari , lequel , d'après la loi féodale , n'était que
bail et mainbour des deux comtés. Jeanne prêta-t-elle serment par
acte séparé ? Nous n'en trouvons trace nulle part. Quant au document
ci-dessus , il a été publié à notre connaissance : 1.° dans les Mémoires
sur la Navarre et la Flandre , par A. Galland, preuves, 145 : 2.° dans
Baluze, Miscell. VIII , 149; 3.° dans l'Histoire de Flandre de M. Warnkœnig , I , 545. Nous ferons observer que l'absence du nom de Jeanne
dans cette prestation d'hommage est d'autant plus étonnante , que
ce nom figure dans celle que fit Thomas de Savoie , son second époux,
en décembre 1237. Est-ce que , par hasard , la fille de l'empereur
Bauduin ne comptait pour rien aux yeux de Philippe-Auguste ? — Le
traité d'alliance de Fernand avec le roi d'Angleterre se trouve dans
Rymer, Acta publica , 2. I, p. I , pag. 50 , sous la date du 4 mai 1212 ,
avec plusieurs lettres qui se rattachent audit traité.

» comtesse irritée s'en plaignit au roi de France, qui adressa
» de dures réprimandes à Fernand, et lui dit qu'il ne lui avait
» pas donné le comté de Flandre et sa cousine pour la maltrai-
» ter ainsi. Le comte prit fort mal les menaces du roi, fit
» alliance avec le comte de Boulogne et plusieurs autres, puis
» alla se ranger dans le parti de l'empereur Othon. »[1]

Cette anecdote, toute singulière qu'elle est, nous semble empreinte d'un certain cachet de vérité morale; et elle est parfaitement dans l'esprit de l'époque. Ainsi donc, s'il faut en croire le moine Richer, qui écrivait peu de temps après la mort de Jeanne, cette princesse n'aurait pas trouvé dans la vie intime une bien douce compensation aux déboires de sa position sociale. Quant à la ligue de Fernand avec l'empereur, qu'elle ait été déterminée ou non par une querelle de jeu entre le mari et la femme, on sait quel en fut le résultat.

Abordons enfin le récit de cette bataille de Bouvines, dont notre pays fut le sanglant théâtre. Cet événement, l'un des plus significatifs du moyen-âge, va faire entièrement disparaître Fernand de la scène politique, pour y laisser Jeanne seule aux prises avec la fortune.

---

[1] *Ex chronico senonensi Richerii apud Labbeum*, Mélanges curieux, II, 658.

II.

Comment Fernand, époux de la comtesse Jeanne, se ligua avec l'empereur Othon et le comte de Boulogne, et comment une grande bataille fut livrée auprès du Pont-à-Bouvines.

Deux fois envahie par Philippe-Auguste, de 1213 à 1214, la Flandre fut deux fois reprise par Fernand. Quatre conquêtes, ou pour mieux dire quatre séries d'horreurs à souffrir en une seule année ! Tandis que le roi des Français saccageait, pillait Lille, Cassel et Douai et qu'il investissait Gand, en attendant mieux, les comtes de Flandre, de Boulogne et de Salisbury, eux, ne perdaient pas leur temps. Ils détruisaient dans les eaux de Damme grande partie de cette flotte

immense que Philippe avait préparée avec tant de sollicitude
pour une descente en Angleterre. Le roi l'apprend, quitte
le siége de Gand, court à Damme, arrive au moment où les
alliés s'acheminaient vers la ville pour s'emparer du port dans
lequel le reste de la flotte était abrité, tombe sur eux, leur
tue 3,000 hommes et les force à se rembarquer. Mais adieu la
conquête de l'Angleterre! Il ne lui restait qu'un bien petit
nombre de navires (les alliés en avaient coulé plus de trois
cents); il les brûla. De guerre lasse, Philippe-Auguste rentra
en France, laissant à son fils Louis le soin de garder les villes
prises. Fernand s'était retiré en Zélande. Lorsqu'il apprend
le départ du monarque français, il rentre en Flandre, se rue
sur l'Artois qu'il ravage cruellement par représailles et pille
le comté de Guines. Entre temps, le fils du roi est rappelé en
France. Le destin semble favoriser Fernand. Sans plus tarder, il s'empare de Tournai et reprend Lille qui lui ouvre
ses portes comme à un libérateur, après avoir chassé les
Français. Cette nouvelle vint surprendre Philippe-Auguste
au milieu de l'irritation où l'avaient jeté la destruction de sa
flotte, les dévastations de l'Artois et du comté de Guines. Il
raccourt en Flandre à la tête d'une armée nouvelle, et signale
son arrivée par le siége de Lille. Cet acte fut un des épisodes
les plus atroces des guerres impitoyables de ces temps-là.

Philippe, dans l'impétuosité de sa fureur, avait emporté la
ville, avant même que les bourgeois surpris se fussent mis sur
leurs gardes. Il n'y avait encore personne aux murailles, que
déjà le roi de France se répandait à travers la ville en tête de

ses hommes d'armes, le fer d'une main , le feu de l'autre. Le
vol et le pillage sont des moyens trop lents pour assouvir sa
vengeance : il lui faut l'incendie , et bientôt le feu se déroule
de toutes parts. Le comte Fernand était dans Lille. Enveloppé
de tourbillons de flamme , il n'a que le temps de s'échapper
au milieu de l'épouvante et de la fumée. Les malheureux habitants ont deux morts à choisir : ou d'être brûlés vifs entre
les murs de leurs logis , ou de périr au seuil par le couteau
des Français. Beaucoup se laissèrent brûler. Ce que l'action
du feu épargnait, les soldats le jetaient bas au moyen de crocs
de fer dont ils s'étaient munis ; car Philippe avait juré l'anéantissement de la cité rebelle. Il ne lui pardonnait pas de s'être
rendue à son suzerain légitime. Guillaume le Breton , chapelain et médecin du roi , et qui plus est assez bon poète latin
pour l'époque , chante fort naïvement dans sa *Philippide* les
horreurs de ce siége à la louange de son maître. « En même
» temps que les maisons , s'écrie-t-il dans son admiration
» pour le conquérant, périssent tous ceux à qui les infirmités
» de l'âge ou la faiblesse du corps refusent les moyens
» d'échapper au danger. Ceux qui peuvent se sauver , fuyant
» à pied ou à l'aide d'un cheval vigoureux , évitent à la fois
» la double fureur des flammes et de l'ennemi , et s'élancent
» à la suite de Fernand , le cœur rempli d'épouvante , à tra-
» vers les broussailles et en rase campagne , hors de tous les
» sentiers, se croyant toujours près des portes fatales, n'osant
» porter la tête en arrière , soit pour ne pas tomber, soit pour
» ne pas perdre un seul mouvement de leurs pieds.... La

» main de la fortune cependant vient au secours des vaincus
» plus que n'eût pu le faire la fuite ou la marche rapide en
» laquelle ils mettaient l'espoir de leur salut. En effet, la
» terre humide, toute couverte de joncs de marais et cachant
» ses entrailles puantes sous une plaine fangeuse, s'évaporait
» par l'effet d'une chaleur intérieure, et, changeant l'atmos-
» phère en nuit épaisse, exhalait des brouillards formés
» d'un mélange de chaleur et de liquide, de telle sorte que
» l'œil du conducteur pouvait à peine atteindre à l'objet qu'il
» conduisait et que nul ne pouvait distinguer ce qu'il y avait
» devant, derrière lui ou à côté de lui. Les nôtres donc, ne
» poursuivirent les fuyards que tant qu'ils purent s'avancer,
» à la lueur de l'incendie de la ville ; car le soleil ne pouvait
» luire à travers les brouillards. Ils tuèrent cependant un
» grand nombre d'hommes et firent encore plus de prison-
» niers, que le roi vendit à tout acheteur pour être à jamais
» esclaves, les marquant ainsi pour toujours du fer brûlant
» de la servitude. Ainsi périt toute entière la ville de Lille,
» réservée pour une déplorable destruction. »

La *Philippide*, chant IX, p. 279, version de M. Guizot, ou plutôt d'un de ses disciples qui aurait pu mieux traduire. — Voyez sur ce
siége de Lille l'excellent ouvrage de MM. Brun : *Les sept siéges de Lille*,
p. 21 et suiv.

Deux poètes français du XIII.ᵉ siècle ont aussi raconté la prise et
l'incendie de cette ville par le roi de France. C'est d'abord Philippe
Mouskes, en sa *Chronique-rimée*. (V. l'éd. du baron de Reiffenberg, II,
344). Puis Guillaume Guiart, qui, plus explicite que LeBreton, dit
positivement que Philippe-Auguste fit marquer d'un fer chaud tous
les Lillois qui tombèrent sous sa main.

Guillaume le Breton ne savait pas que, peu de jours après, les Lillois échappés à la mort revenaient, la nuit, errant sur les débris fumants de la ville anéantie, chercher au milieu de cette terre brûlante la place où furent leurs foyers. Il ignorait surtout que l'amour du sol natal ferait bientôt surgir de ce lieu de désolation une cité nouvelle, et que cette cité deviendrait un jour l'une des plus riches et des plus puissantes du royaume dévolu aux descendants de l'exterminateur. S'il avait pu le prévoir, quel beau texte pour un poète! Cela eût bien valu l'éloge de l'incendie et l'apothéose du massacre.

Cependant, la grande coalition contre la France se formait. Pour décider l'empereur Othon à y entrer, le comte de Flandre employa de singuliers moyens de persuasion. Il lui dit d'abord que le succès était sûr, attendu que le roi Philippe ne pourrait disposer que de soldats vieux et invalides, tous les jeunes se trouvant avec le prince Louis, dans le midi de la

Là véissiez ces sales fondre
Et ces biaus hostiex craventer,
Enfans et femes dementer;
Menesteriex braire et crier;
L'un ocire, l'autre lier,
Et la vile aus François pourprendre.
Tous ceux c'on puet ileuques prendre,
Furent après serf leur aage;
Et leur fist li rois tel hontage
Que pour les plus tost enseignier,
Les fist tous d'un fer chaus seigner,
Là, dedans leur vile méisme,
Come l'en fait en paiénisme.

T. I, p. 249.
2

France… Puis il lui fit confidence que sa tante la reine Mathilde était sorcière : elle avait consulté son démon familier
sur les éventualités d'une guerre, et le démon lui avait ré-
pondu en propres termes : *Le roi tombera et ne sera pas ense-
veli ; Fernand viendra triomphant à Paris.* [1] L'empereur fut
convaincu. Renaut de Dammartin, comte de Boulogne, qui
avait, lui aussi, un grief à venger sur Philippe, s'était fait avec
son cousin Fernand le négociateur de la ligue. L'Angleterre, la
Flandre, le Brabant, la Hollande, le Limbourg, le Namurois
et l'empereur Othon IV se trouvaient désormais liés dans une
même communauté d'intérêts. L'envahissement et le partage
de la monarchie française avaient été résolus. Ce fut à Valen-

[1] «Rex cadet in bello et non sepelietur, et Ferrandus cum pompâ
veniet Parisius. » — *Ex libro III hist. regum Francorum ab origine gentis
ad annum MCC. XIV ex ms. codice biblioth. S. Victoris Par. N.° 419,
fol. 285 ms., apud* Bouquet, *XVII,* 427.

Voici comment Guillaume Le Breton raconte cette particularité :

> Interea comitissa senex quæ Portigalensis
> Filia regis, ob hoc solum regina vocata est,
> Ferrandique erat ipsa germana parentis
> Hesperidum ritu cupiens ventura doceri,
> Sortilegos nobis ignota consulit arte.
> Nec tamen ipsa, reor, erat inscia præstigiorum
> Quæ solet Hispanos præsaga Tholeta docere.
> Sortibus ergo datis, tali problemate falli
> Digna fuit, vero æquivoca sub voce latenti :
> « Rex ab equo multa juvenum vi stratus, equorum
> « Tundetur pedibus, nec eum continget humari ;
> « Altisonoque comes, plausu post prœlia curres
> « Vectus, Parisiis a civibus excipietur. »
> Hinc magis audacter Ferrandus in arma furebat,
> Non intellecto gaudens ænigmate sortis
> Ambiguæ, vana cupidam spe fallere mentem,
> Ne solus duplici fallatur Apolline Cresus.

Philippide, éd. d'Octave Delepierre, 55.

ciennes, en la Salle-le-Comte, que se fit la part anticipée d'un butin qu'on regardait comme sûr. On ne doute de rien lorsque cent cinquante mille hommes campent autour du lieu où l'on délibère. Othon s'adjugea d'abord la Champagne, la Bourgogne et une partie de la Franche-Comté; le roi Jean d'Angleterre s'était contenté des provinces attenantes à celles qu'il avait déjà sur la Loire; le comte de Boulogne prit pour lui le comté de Guines et le Vermandois. Quant à Fernand, il voulait la plus grosse part; c'était l'Artois qu'il lui fallait, la Picardie, l'Ile de France, ni plus ni moins, sans oublier cette bonne ville de Paris où, dans son jeune âge, il avait mené si joyeuse vie. Pour les coalisés d'un rang inférieur, ils fractionnèrent ce qu'on voulut bien leur laisser. [1]

Comme ces choses se passaient à Valenciennes, Philippe-Auguste s'acheminait au-devant de ses ennemis, à la tête de 40,000 hommes. Ce n'était point là toute l'armée; mais le reste, il avait fallu le laisser au fils aîné du roi, pour aller s'opposer à l'invasion de Jean Sans-Terre, lequel, afin de seconder le mouvement des alliés au nord, s'était porté sur la Loire avec de nombreuses forces. La France n'avait jamais été plus près de sa perte. Enveloppée du réseau formidable qui semblait devoir l'anéantir, seule contre tous, elle ne perdit cependant pas le sentiment de sa force morale; instinct

---

[1] « C'étoit, dit Marchantius, vendre la peau de l'ours, avant de
« l'avoir étendu par terre. »

providentiel, qui tant de fois, à l'heure du péril, sauva la monarchie. Philippe, arrivé sur les confins du pays occupé par les ennemis, poussa vers ses peuples un grand cri d'alarme. A cette voix, les beffrois de toutes les communes de la Picardie, de l'Artois, de l'Ile de France, du Vermandois, du Beauvoisis, du Soissonnais s'ébranlent ensemble, et trente-cinq mille de ces durs et fiers bourgeois, qui dès cette époque secouaient déjà si rudement le joug féodal, accoururent spontanément ranger leurs bannières sous l'oriflamme de Saint-Denis. Le sentiment de la patrie en danger a toujours fait en France sortir des soldats de terre.

Tandis que grondait l'orage, où était Jeanne, que devenait-elle? Isolée dans quelqu'un de ses châteaux de Gand, de Bruges, ou du Quesnoy, elle restait étrangère à la formation de la ligue et à l'exécution de ses desseins. Loin de partager les orgueilleuses chimères de la coalition, il paraît qu'elle fit, au contraire, tous ses efforts pour chasser de l'esprit de Fernand les illusions qu'y nourrissait l'espoir de la vengeance. Les malheurs qui, depuis le mariage de Jeanne, pesaient sur la Flandre et le Hainaut, tout en faisant saigner le cœur de la comtesse, avaient dû mûrir son esprit. Et puis à ces chagrins de souveraine se joignaient, en ce moment-là même, des chagrins de femme et de sœur. La jeune Marguerite, mariée depuis peu, subissait alors les rigueurs d'une étrange destinée. Mais pour ne pas retarder le dénoûment d'une série d'actes politiques que, jusqu'ici, nous avons fait marcher sans interruption, nous raconterons plus tard cette romanesque aventure....

A mi-chemin de Lille à Tournai , mais un peu sur la droite en allant vers Tournai, à l'entrée d'une plaine , se trouve un petit village nommé Bouvines. La rivière de la Marque coule tout près de là. L'été, cette fertile campagne est , comme toutes celles de la Flandre , diaprée d'une vigoureuse végétation. Peu d'arbres toutefois , si ce n'est aux alentours des maisons de chaume du village et de l'église dont le clocher se dessine au loin entre le feuillage. Sur la Marque et à trois ou quatre traits d'arc des habitations , entre Cysoing et Sainghin , un pont rustique. La physionomie de ces lieux n'a dû guères changer depuis le 27 juillet 1214.

Ce jour-là , dimanche , le soleil s'était levé radieux à l'horizon. Les paysans et les serfs de l'Abbaye de Cysoing , en cheminant le matin par les champs , pour aller à la messe , dûrent être étrangement émus de voir le pays envahi d'innombrables gens d'armes. Et , en effet , dès l'aurore , une grande armée se pressait aux environs du pont de Bouvines. Un homme à cheval , séparé du gros de la troupe , la regarda passer la rivière , ce qui dura long-temps ; et lorsque la majeure partie fut de l'autre côté du pont , il s'en alla vers l'église prochaine dédiée à Saint-Pierre. Devant le portail s'élevait un frêne touffu. L'homme descendit de cheval , se fit enlever sa lourde armure de fer , harassé qu'il était de chaleur et de fatigue; il avait marché depuis la pointe du jour. Haletant et poudreux , il s'étendit sur la terre à l'ombre du frêne. C'était le roi de France , Philippe-Auguste [1], et tous ces gens d'armes les 75,000 hommes qu'il amenait au-devant de l'empereur Othon, jugeant avec raison qu'il vaut mieux porter la guerre chez les autres que de l'attendre chez soi.

Philippe avait eu à peine le temps de prendre le frais que les éclaireurs de son armée accoururent jetant de grands cris et annonçant l'approche de l'armée impériale. On l'apercevait du côté de Cysoing ; déjà même les troupes légères d'Othon avaient eu un engagement avec les arbalétriers, la cavalerie légère et les satellites formant l'arrièregarde du roi sous le commandement du vicomte de Melun. À cette nouvelle, Philippe remonte à cheval en toute hâte, fait rétrograder son armée, repasse avec elle sur la rive droite de la Marque. Comme à la bataille d'Hastings, où deux évêques dirigèrent les opérations de l'armée de Guillaume-le-Conquérant, l'*élu de Senlis*, alors nommé le *chevalier Garin*, grand homme de guerre et prélat non moins grand, fut chargé de mettre en ligne les troupes du roi. [2] Elles prirent aussitôt position devant Bouvines, face à Tournai. Eudes, duc de Bourgogne, eut le commandement de la droite, et deux

[1] Venerunt autem ad pontem Bovinum, qui est inter Cesonam et Sanguineum. Quem cum major pars exercitus jam transisset, et rex circa pontem exarmatus, armis siquidem aliquantulum et itinere fatigatus sub umbrâ cujusdam fraxini juxta quamdam ecclesiam Beati-Petri quieti vacaret, ecce nuntii…., etc. VINCENT DE BEAUVAIS. XXXI, 54.

[2] « Il était là, dit un ancien écrivain, non mie pour combattre, mais pour admonester les barons et les autres chevaliers, à l'honneur de Dieu, du roi et du royaume, et à la défense de leur propre Seigneur. »

princes de sang royal, les comtes de Dreux et d'Auxerre, celui de la gauche. Pendant ce temps, Philippe entra dans la petite église du village pour y faire une courte prière; après quoi, ayant revêtu son armure, il sauta à cheval avec autant de gaité, dit Vincent de Beauvais, que s'il allait à la noce. [1]

Déjà les deux armées se trouvaient à une distance très rapprochée. Le roi se plaça à la tête de la sienne, entouré des plus vaillants hommes de guerre de France, parmi lesquels on distinguait Guillaume des Barres, Barthélemi de Roye, le jeune comte Gauthier de Saint-Pol, Pierre de Mauvoisin, Gérard Scropha vulgairement la Truie, Etienne de Longchamps, Guillaume de Mortemart, Jean de Rouvroi, Henri comte de Bar, et un pauvre, mais brave gentilhomme du Vermandois, ayant nom Gales de Montigni; il portait, auprès du roi, la bannière aux fleurs de lys.

Quelques historiens prétendent qu'alors le roi de France, se plaçant au milieu de ses officiers, fit déposer son casque sur un autel, et que là, il offrit, en termes magnifiques, la couronne de France au plus digne. Personne ne se présenta, comme bien l'on pense, et Philippe remit la couronne sur sa tête. Nous doutons fort de cette cérémonie à la Plutarque. Le roi fit, si l'on veut, quelque chose de moins majestueux, mais de tout autant chevaleresque. Prenant en main un immense hanap

---

[1] Quo audito, rex ecclesiam ingreditur, et, breviter orans, iterùm egressus induitur armis alacri vultu, equum insilit *ac si ad nuptias vocaretur*.... VINCENT DE BEAUVAIS. XXXI, 54.

rempli de vin , dans lequel on avait trempé *des soupes* , il en mangea une, et passant le hanap aux barons qui l'entouraient : « Que ceux , dit-il , qui auront bu et mangé à cette coupe , » jurent tous de vaincre ou de mourir ! » Les barons mangèrent les soupes au vin , jurèrent et firent mieux encore , ne faillirent pas à cette héroïque communion. [1]

Il était environ midi. En ce moment , l'armée impériale débouchait sur le plateau de Cysoing. Depuis les invasions germaniques , jamais armée si formidable n'avait paru en Flandre. Elle semblait disposée au combat ; car elle s'avançait enseignes déployées , les chevaux couverts et les sergents d'armes courant en avant pour éclairer la marche. Au centre des lignes , on apercevait un groupe compact de chevaliers reluisant d'or et d'argent. C'était l'empereur Othon et son escorte , entourant un *caroccio* traîné par quatre chevaux , où se dressaient les armes impériales. L'aigle d'or tenait dans sa serre un énorme dragon jetant feu et flamme de sa gueule béante , et qu'on a prétendu être la personnification emblématique de la France , prise entre les serres de la coalition. [2]

[1] Et quant la messe fut dite si fist aporter pain et vin et fist tailler des soupes et en mangea une. Et pois dist à tous céaus ki entour lui estoient : « Je proi à tous mes boins amis qu'il mangascent avec moi « en remenbrance des XII apostles ki avec nostre seignour burent et « mangièrent. Et s'il en y a nul ki pense mauvaisté ne trecherie si ne « s'i aproche mie. » — *Chron. de Rheims*, manuscrits du roi, ch. XX, f.° 14. — Cette chronique raconte également la scène de la couronne. Il est a remarquer que Guillaume Le Breton ne parle ni de l'une ni de l'autre.

[2] Les chroniques de Saint Denis disent tout bonnement : *Le visage tourné par devers François, et la gueule bade (béante) comme s'il consist (voulât) tout mengier.* — *Apud* BOUQUET XVII , 407.

Cette orgueilleuse enseigne avait pour garde spéciale, cinquante barons allemands, commandés par Pierre d'Hostmar. La personne sacrée de l'empereur fut confiée aux ducs de Brabant, de Luxembourg, de Tecklenbourg, aux comtes de Hollande, de Dermont, Bernard d'Hostmar, Gérard de Randerode, Pierre de Namur, Gérard de Trémogne, Hugues de Boves, et quantité d'autres chevaliers de même valeur.

Les deux âmes de cette grande armée étaient aux deux extrémités. A la gauche, Fernand avec les milices de Flandre, de Hainaut et de Hollande ; à la droite, Renaud et six mille Anglais avec leurs chefs Salisburi et Bigot de Clifford, l'infanterie brabançonne, les *eschielles* ou pelotons de cavalerie saxonne et brunswikoise, des corps de mercenaires et d'aventuriers ramassés par Hugues de Boves.

— « Eh, quoi ! s'écria l'empereur, stupéfait en apercevant l'armée française en bataille dans la plaine, je croyais les Français en fuite, et les voilà en ligne, le roi Philippe à leur tête ! » Cette parole, prononcée d'un ton craintif, circula tout à travers l'armée, et la décontenança un peu.

Le roi Philippe disait en même temps à ses troupes : « Voici » venir Othon l'excommunié · et ses adhérents ; l'argent qui » sert à les entretenir est de l'argent volé aux pauvres et aux

----

¹ Le pape Innocent III l'avait excommunié au mois de novembre 1210, à cause de ses agressions contre la royauté de Sicile qui relevait du saint siége. Cette excommunication de l'empereur, publiée par l'archevêque de Mayence, causa de grands troubles en Allemagne.

» églises. Nous ne combattons, nous, que pour notre liberté
» et notre honneur. Tout pécheurs que nous sommes, ayons
» espoir en Dieu et nous vaincrons ses ennemis et les nôtres. »
Alors il parcourut les rangs. Quelques gens d'armes, de ceux
qui jadis l'avaient suivi à la croisade, s'attristaient d'être obligés de se battre un dimanche. — « Les Machabées, leur dit-il,
» cette famille chère au Seigneur, ne craignirent pas d'aborder
» l'ennemi un jour de sabbat, et le Seigneur bénit leurs ar-
» mes. » — « Vous, l'élu de Dieu, bénissez les nôtres! » crièrent
les gens d'armes; et l'armée entière se précipita à genoux.
Cette bénédiction du roi acheva de rassurer les Français; ils
se relevèrent pleins de courage et de résolution.

A une heure et demie, la chaleur du jour était dans toute
sa force. Le soleil dardait ses rayons brûlants sur les alliés
marchant en ligne tirée du sud-est au nord-ouest, front à
Bouvines. Les Français l'avaient donc à dos en ce moment-là.
Philippe profita de l'avantage de cette position, et donna sur
le champ le signal de l'attaque. Les buccines retentirent; et alors
Guillaume le Breton et un autre clerc, qui se trouvaient près du
roi, entonnèrent les psaumes *Benedictus qui docet...., Exurgat
Deus...*, et *Domine, lœtabitur....* Des larmes et des sanglots
vinrent souvent les interrompre, tant ils étaient émus. Ils
chantèrent ainsi durant tout le combat.

Le premier choc fut terrible. Il donna sur les Flamands.
Indignés de se voir attaqués par des satellites et non par des
chevaliers, ils reçurent d'abord les coups sans s'émouvoir et

sans s'ébranler. Mais bientôt, laissant un espace vide entre leurs rangs, le jeune Gauthier de Saint-Pol s'y précipite tête baissée, avec ses gens d'armes, frappant, tuant, à droite, à gauche. Il traverse de la sorte toute l'armée flamande, puis, la prenant à dos, il la traverse de nouveau, traçant sur son passage un sillon au milieu des cadavres. La mêlée de ce côté dura trois heures, et pendant trois heures elle fut effroyable. Il s'y passa des scènes homériques. Les chefs Flamands, pour ranimer leurs soldats, les haranguaient tout en frappant d'estoc et de taille. Tour-à-tour ils parlaient des ayeux et de leurs exploits; ils parlaient des femmes, des enfants laissés au foyer domestique; puis, rappelant l'incendie de Lille et les horreurs de l'invasion française, ils appelaient la vengeance par des clameurs de mort.

Une sorte de géant, Eustache de Marquillies, chevalier de la châtellenie de Lille, se démenait avec fureur, seul, au milieu des cavaliers champenois, faisant grand carnage et s'excitant lui-même, en criant: Tue ! tue ! Un Champenois lui saisit le cou par le bras, le lui serre comme dans un étau et détache son hausse-col. Michel de Harnes alors, voyant le cou d'Eustache à découvert, lui plonge son épée dans la gorge. Le vicomte de Melun et Arnoud de Guines, à l'exemple de St.-Pol, labouraient la ligne flamande par des trouées, passaient et repassaient à travers cette muraille de chair et de fer. Dans une de ces charges, Michel de Harnes est cloué d'un coup de lance aux parois de sa selle. Eudes, duc de Bourgogne, était d'une énorme corpulence: son cheval est tué sous lui. Non

sans peine, on le remet en selle sur un destrier frais. Aussitôt, il tombe sur les Flamands avec une nouvelle fureur, et
pour venger sa chute et la perte de son cheval, il écrase tous
ceux qu'il rencontre. Le jeune Gauthier de Saint-Pol, qui,
le premier, avait entamé les Flamands, fit des prodiges de
valeur. Encore harassé de chaleur et de fatigue, après la
charge qu'il venait d'opérer, il se précipita seul à la rescousse
d'un homme d'armes pris au milieu d'un gros d'ennemis. Douze
coups de lance tombaient à-la-fois sur Gauthier, sans que le
cheval et le cavalier en fussent ébranlés. Il enleva l'homme
d'armes.

Les Flamands, de leur côté, se battaient héroïquement; [1]
mais le corps de chevaliers qui protégeait leur comte, commençait à s'affaiblir; et c'est sur ces chevaliers que portaient
toutes les attaques. Enfin, on les enveloppe avec un nouvel
acharnement. Fernand se bat comme un lion. Deux chevaux
sont morts sous lui. Couvert lui-même de blessures, il perd
tout son sang. Les chevaliers flamands qui vivent encore,
essaient de le tirer de là, mais c'est en vain. Le comte alors se
défend en désespéré; la terre est jonchée de corps tombés

[1] Tunc primum Flandri cœpere timore moveri :
Pondus enim belli totum se inclinat in illos.
Non tamen aut campo discedere, terga vel hosti
Ostentare volunt; tanta indignatio mentis
Obsidet illorum, servandique ardor honoris
Ut malint pugnando mori, vel vincla subire
Cædereque et cædi quam se fugisse notari :

Philippide XI, v. 127.

sous ses coups. Le sang coule à flot de ses blessures et il fléchit sur les genoux. Toutefois, sa bonne épée n'est pas tombée de sa main ; il essaie encore de la brandir... Enfin, son œil se trouble, n'en pouvant plus et se sentant évanouir, il la rend à un seigneur appelé Hugues de Mareuil.

La victoire était gagnée sur ce point, mais au centre et à la gauche, le combat durait encore. A l'instant même où Fernand se rendait prisonnier, le roi de France échappait à un grand péril. Les piquiers de l'infanterie allemande, en repoussant les gens des communes de Beauvais, de Compiègne, d'Amiens, de Corbie et d'Arras, qui s'étaient rués tête baissée vers la grande aigle impériale, pénètrent parmi les barons de la garde du roi Philippe. Quatre de ces allemands s'étaient acharnés après le roi, l'avaient blessé à la gorge et tiré à bas de son cheval, au moyen de leurs hallebardes à crocs. Il allait périr, malgré les efforts de Gales de Montigni, qui d'un bras écartait les coups et de l'autre haussait l'étendard royal en signe de détresse. Arrive Pierre Tristan. Descendre de cheval, l'offrir au roi, se jeter l'épée à la main sur les quatre piquiers allemands, fut pour lui l'affaire d'un moment. Philippe remonté à cheval avait rallié ses chevaliers et rétabli le combat ; le brave Tristan aurait volontiers payé de sa vie le salut du monarque, et, ainsi, celui de la monarchie. Nous n'avons pas vu sa statue à Versailles.

Au moment où se passait cet heureux événement, Eudes, duc de Bourgogne, vainqueur des Flamands sur la droite, se portait au flanc de l'armée allemande, attaquée en même temps par la cavalerie de la garde du roi. Cent vingt chevaliers français tombent morts; mais la phalange impériale est ouverte, on arrive à son cœur. Pierre de Mauvoisin écarte piques et hallebardes, et saisit les rênes du cheval de l'empereur. En vain il cherche à l'emmener; la presse est trop grande. Guillaume des Barres, se penchant du haut de son cheval, saisit la sacrée majesté à bras le corps; tandis que Gérard Scropha lui porte de grands coups de couteau, qui ne peuvent percer le haubert. Le cheval d'Othon dressant la tête, reçoit un de ces coups qui lui crève l'œil et pénètre jusqu'à la cervelle. L'animal blessé à mort se cabre en arrière et va tomber expirant, en dehors de la mêlée. Guillaume des Barres était resté accroché à l'empereur. Ils culbutèrent ensemble. Mais Bernard d'Hostmar et d'autres chevaliers accoururent au secours d'Othon, le relevèrent et le remirent sur un cheval frais. Blessé, étourdi de sa chute, l'empereur prit le galop à travers champs, suivi du duc de Brabant, du comte de Boves et de plusieurs autres. — «Oh! oh! dit Philippe en riant: « voici l'empereur qui s'en va; nous ne verrons plus aujour- » d'hui que son dos. » Le chariot qui portait les armes impériales est mis en pièces; l'aigle et le dragon, les ailes arrachées et meurtries, sont apportés au roi de France.

Ce n'était pas tout encore. Le comte Renaud de Boulogne tenait bon. Cependant, déjà son corps d'Anglais avait été taillé en pièces par l'évêque de Beauvais. Tandis que *l'élu de Senlis*, l'intrépide Garin, se portait partout où besoin était, le

prélat de Beauvais s'était acharné contre les Anglais. D'un coup
de masse d'armes il avait abattu et pris Salisburi, leur chef. On
dit que Renaud, malgré cet échec, quitta son corps d'armée, et
que, transporté de fureur, il pénétra, la lance en arrêt, jusqu'au
roi Philippe. Il allait le frapper, mais à la vue de son ancien
maître, il se détourna saisi de respect ou d'irrésolution, et
fournit sa course envers le comte d'Auxerre. Rentré au milieu
des siens, il s'était fait avec une merveilleuse adresse un rem-
part de gens de pied, disposés circulairement autour de lui,
sur deux rangs fort serrés. Quand tout le choc de l'armée
française victorieuse sur les autres points, porta contre ce
bataillon, il fut écrasé. Renaud, resté presque seul avec six
écuyers, résolut de mourir, mais n'en vint pas à bout. Un
sergent d'armes français, Pierre de la Turelle, s'approchant
de lui, enfonce sa dague jusqu'au manche dans le flanc de
son destrier. Un des écuyers cherche à entraîner le cheval par
la bride, mais il est renversé. Le cheval succombe, et Renaud
reste la cuisse engagée sous son corps. Les deux Fontaine et
Jean de Rouvroi le tiraillent et se le disputent. Arrive Jean de
Nelle qui veut aussi sa part d'une si belle proie. Pendant
cette querelle, un varlet nommé Comote s'amusait à fourrer
sa pique à travers le grillage de la visière du comte et l'aurait
tué bien volontiers. L'élu de Senlis, qu'on rencontrait partout
où il y avait à faire, survint. Renaud le connaissait ; il se
nomma, cria merci et lui tendit son épée.

La grande armée impériale n'existait plus. Du plateau de
Cysoing où Philippe-Auguste s'était placé, on ne voyait de

tons côtés que des débris épars et fuyants. La plaine offrait l'aspect d'un immense carnage. Au milieu de ce théâtre de confusion et de mort, un petit corps de 700 Brabançons cheminait en ordre, l'arme au bras et sans s'émouvoir. Ces braves gens espéraient revoir leur pays ; et cette idée les avait maintenus pleins de calme et de résolution. Philippe, dans l'enivrement de son triomphe, se donna le plaisir de les faire exterminer sous ses yeux par Thomas de Saint-Valeri.

Ainsi se termina la bataille de Bouvines. Il était alors sept heures du soir. Les chapelains du roi chantaient encore, mais ils chantaient des actions de grâce. Ils ne cessèrent pas jusqu'à ce que fût couché ce soleil qui venait d'éclairer une des plus grandes scènes de l'histoire.

III.

Des fêtes et triomphes qui furent célébrés en France, des calamités qui advinrent en Flandre, du deuil de la comtesse Jeanne et du courage qu'elle mit à gouverner ses comtés et pays.

Rien ne manquait au triomphe de Philippe-Auguste. Comme les héros de l'antiquité, il revenait traînant à sa suite ses ennemis vaincus et enchaînés. La joie que causa en France l'heureuse issue de la bataille de Bouvines tint du délire. Les Parisiens, clercs et laïcs, allèrent au-devant du roi, chantant des hymnes et des cantiques. On dansait dans les rues; on y faisait retentir tous les instruments connus de l'époque, ce qui devait être fort discordant. Pas une église, pas une maison qui ne fût tapissée de courtines, de draps de soie, jonchée de fleurs, de branchages. On était alors en plein temps de moisson : les paysans, à six lieues à la ronde, quittèrent leurs travaux. Impatients de voir ce fameux Fernand dont le nom, depuis deux ans, était presque devenu en France un épouvantail, ils circulaient à travers la ville, leurs faucilles, leurs houes et leurs rateaux suspendus au cou. [1] Le comte de Flandre fit son entrée lié sur une charrette tirée par quatre chevaux; et le peuple de Paris, ce peuple que souvent rien n'apitoie et qui s'égaie de tout, criait ironiquement en le voyant passer :

> Quatre ferrands (chevaux bais) bien ferrés,
> Traînent Ferrand bien enferré.

On prononçait alors *Ferrand* pour *Fernand*. Les jeux de mots étaient fort en vogue : il n'en est pas qu'on ne fît sur l'équivoque que présentait le nom du comte de Flandre. [2]

---

[1] Rusticos et messores, intermissis operibus, falcibus, restris et tribulis in collo suspensis, catervatim ad vias ruentes, cernere cupientes Ferrandum in vinculis, quem nuper formidabant in armis! — VINCENT DE BEAUVAIS, XXXI, 62.

[2] Chaque fois qu'un idiôme se forme on est ingénieux à lui faire subir des caprices d'imagination, des tours de force de syntaxe. C'est un enfant qu'on dégage de ses langes et qu'on voudrait voir courir tout seul.

— « Li vilain, les vieilles et li enfant n'avoient pas honte de lui moquier et escharnir. Si avoient trovée occasion de lui gaber par l'équivocation de son non pour ce que li nons est équivoques à home et à cheval. Si avint tele aventure que li cheval de la couleur qui tel non met à cheval le portoient en une litière et pour ce crioient en

Après les coups d'épée , ce que les Français savent le mieux appliquer , ce sont les coups de langue et les coups de plume. — Bref , durant toute la semaine , on ne se coucha pas dans Paris. Il y avait tant de lumière , la nuit , par les rues , qu'il faisait clair comme en plein jour.

En Flandre et en Hainaut , consternation profonde , solennelle. On eût dit qu'on venait d'être frappé d'un malheur irréparable. Au premier moment , ce ne fut qu'un cri d'imprécation contre Othon l'excommunié , à qui l'on attribuait le funeste résultat de cette guerre. Puis l'on songea que les malédictions ne remédiaient à rien et l'on s'occupa du réglement des affaires intérieures. Elles offraient un lugubre tableau.

La guerre avait si cruellement ravagé la Flandre dans les derniers temps qu'il y restait à peine quelque chose debout. De tous côtés , à la place d'un village , d'une église , d'une abbaye , on ne voyait plus que des murs dénudés par le pillage , noircis par les flammes ; d'affligeantes ruines

reproiche que 11 *ferranz* emportoient le tiers *ferrant* et que *Ferranz* iert *enferrez* qui devant iert si encressiez qui par orgueill s'étoit contre son seigneur revelez. — *Chroniques de Saint-Denis*, manuscrit de la Bibliothèque de Cambrai , N.° 622 , page 330 , 1.re et 2.e col.

> — *Ferrant* portent dui *auferant*
> Qui tous deux sont de poil *ferrant*.
> Ainsi s'en va lié *en fer*
> Li quens *Ferrans* en son *enfer*.
> Li *auferrant* de *fer ferré*
> Emportent *Ferrant enferré*.

Guill. Guiart, I, 309.

enfin, comme à Lille après l'incendie. C'était-là des fléaux humains. Pour surcroît de malheur, Dieu vint y joindre ses fléaux à lui. Une maladie contagieuse dévora plusieurs cantons, et la mer, franchissant ses limites, inonda une partie de la Flandre occidentale et tout le territoire de Bruges. '

La comtesse Jeanne gémissait profondément de cette situation désastreuse, mais elle ne connaissait pas encore la

' Jacques de Guise donne sur ces calamités d'intéressants détails. « Peu de temps après la déroute des Flamands et le rachat des prisonniers que le roi avait faits, cette terre qui avait échappé au roi de France, fut submergée avec ses habitants par une inondation de la mer, et cette inondation causa un bien plus grand dommage au pays que les ravages de l'armée française. Parmi les circonstances remarquables de cet événement, la tradition a conservé le fait suivant : Un enfant, dormant dans son berceau, fut, par la protection de Dieu, porté sur les eaux jusqu'à Maudeghem en Zélande, où des habitans le trouvèrent encore endormi, le recueillirent et l'élevèrent. Après avoir été affligés de tant de maux, les Flamands eurent à supporter un désastre plus affreux encore : Gand, Ypres et Bruges furent ravagés par l'incendie qui dévora la moitié des maisons et fit périr une foule d'habitans de l'un et de l'autre sexe ; de telle sorte qu'ils pouvaient dire, avec raison, au seigneur : *Nous avons passé par l'eau et par le feu.* Plaise à Dieu que le reste leur soit épargné ! Au nombre des choses mémorables qui se passèrent lors de l'incendie de Gand, on cite l'événement que nous allons rapporter. Sept hommes et une femme sur le point de périr par les flammes, et ne trouvant aucun moyen d'y échapper, se laissèrent tomber dans un puits et se tinrent cachés dans une cavité qu'ils y trouvèrent. Après l'incendie, quelqu'un qui ignorait ce fait, voulant puiser de l'eau à ce puits, y plongea un seau : l'un de ces malheureux s'y attacha pour attirer l'attention sur lui ; on arriva et on le retira du puits, lui et ses compagnons. A peine étaient-ils sortis et rendus à la vie, par la permission divine, que le puits, surchargé par la foule, et dont les pierres n'étaient pas liées entr'elles par le ciment, s'écroula tout-à-coup. Les Flamands furent ainsi frappés de maux tellement prodigieux et innombrables, qu'on peut leur appliquer cette parole du prophète : *Le jélech mange les restes de la sauterelle*, etc. » *Annales de Hainaut*, XIV. 177.

catastrophe de Bouvines. Ses sujets avaient eu la touchante sollicitude de lui cacher le dénouement fatal de tant d'infortunes, de peur que la pauvre jeune femme n'en mourût de douleur. Chose étrange! le dernier pâtre dans les champs, le dernier gueux par les chemins, savait à point nommé la grande affaire du Pont-à-Bouvines, tandis que la comtesse de Flandre et de Hainaut ne s'en doutait nullement. A la fin, toutefois, il fallut bien que la souveraine du pays n'ignorât plus ce qui s'y passait; que la femme de Fernand apprît ce qu'était devenu son mari. Les bonnes gens de Flandre et de Hainaut avisèrent ensemble comment on devrait s'y prendre pour faire les choses au mieux.

On décida que les Flamands prieraient les seigneurs Adam et Gossuin, évêques de Térouanne et de Tournai, et les Hennuyers, le seigneur Jean de Béthune, évêque de Cambrai, d'aller trouver la comtesse et de lui révéler la vérité avec tous les ménagements possibles. Les prélats étaient trois hommes d'une haute sagesse; ils s'acquittèrent fort bien de leur mission. Au premier moment, il est vrai, Jeanne se livra aux sanglots et au désespoir, aussi bien que sa tante Mathilde et la jeune Marguerite; mais bientôt, réconfortée par les consolantes paroles des trois évêques, Jeanne envisagea sa position d'un œil plus calme. Un grand devoir, une pénible tâche venaient de lui être dévolus par la Providence. A elle désormais à fermer les plaies de la Flandre, à calmer les angoisses de ses peuples, à lutter contre la fortune, à préparer l'avenir.

Et d'abord il y avait à prendre sans retard une courageuse résolution. Jeanne n'hésita pas. A peine la sainte députation était-elle partie, que la comtesse en habits de deuil cheminait vers Paris, décidée à se jeter aux pieds de Philippe-Auguste, à lui demander grâce pour l'infortuné mari que naguères il lui avait imposé lui-même.

Le moyen-âge est l'époque des grandes haines, des interminables querelles. Lisez les romans de chevalerie du treizième siècle : la vengeance, et une vengeance qui se lègue de génération à génération comme un patrimoine, forme presque toujours le thème de ces *Chansons de Geste* qui reflètent si bien la physionomie de leur temps. Il restait dans les mœurs un vieux levain de paganisme qu'une civilisation plus éclairée, ou plutôt que le dogme chrétien mieux compris et mieux développé, ne devait pas tarder à dissoudre tout-à-fait. — Mais Philippe-Auguste n'aurait pas eu de puissants motifs d'aversion contre les instigateurs de la ligue anéantie sur le champ de bataille de Bouvines, que la raison politique lui eût fait une loi ou de les mettre en jugement comme rebelles au suzerain, ou de les conserver comme ôtages. Il prit ce dernier parti qui lui offrait, en effet, de meilleures garanties. Tant que le comte de Boulogne, et surtout Fernand, seraient en son pouvoir, au cœur de la France, pas de nouvelle coalition possible. Philippe le savait bien. Aussi tout l'or du monde ne lui eût-il pas fait lâcher prise. On n'expose pas deux fois un royaume aux chances d'une bataille comme celle de Bouvines.

Un moment, toutefois, Philippe parut ébranlé des pleurs de Jeanne, quand au Louvre, le vendredi 17 octobre 1214, elle vint, à genoux et vêtue de noir, le supplier de lui rendre son époux. Un traité fut même couché par écrit, mais le prudent et fin monarque savait qu'il était inexécutable, ou mieux, que son exécution équivalait pour la Flandre à un arrêt de mort. Que risquait-il de le proposer ? Philippe demandait tout d'abord en ôtage à la place du comte, Godefroi, second fils du duc de Louvain ; les principales forteresses de Flandre et de Hainaut devaient être démolies ; puis le roi verrait à rendre Fernand et les autres prisonniers, moyennant une rançon proportionnée à la quantité de leurs méfaits. [1]

Jeanne souscrivit à de telles conditions. A quoi n'eût-elle pas souscrit en ce moment-là ? Heureusement, les états ne ratifièrent pas : ils firent bien, car c'était consacrer l'anéantissement de toute nationalité. Jeanne en fut donc pour ses gémissements et sa démarche. Quant à Philippe, il chassa bientôt comme mauvaise et périlleuse toute pensée de traité et ne se départit plus un seul instant d'une obstination que rien désormais n'aurait su vaincre. [2] Moins que jamais, d'ailleurs, la comtesse eût trouvé chez ses sujets de la sympathie pour

[1] Ce traité porte la date du 24 octobre 1214. Il a été publié par Baluze, *Miscell.* VII, 205, Duchesne, *Hist. de Guines*, Preuves, 475, Warnkœnig, *Hist. de la Flandre*, I, 347.

[2] Jeanne fit cependant et à trois reprises différentes de nouvelles tentatives pour tirer son mari de prison : Philippe, chaque fois, lui jura sur son sceptre et sa couronne que jamais Fernand ne sortirait de la tour du Louvre. Nous reparlerons plus tard de ces tentatives.

Fernand, qu'ils avaient toujours considéré comme un intrus. L'esprit turbulent de ce prince étranger allait mal à leurs habitudes. Et qui donc, en effet, avait réduit le pays au pitoyable état où il se trouvait en 1214, sinon les malencontreuses boutades du Portugais? Il vint un temps, peut-être, où ils ne furent pas très-fâchés de le voir au Louvre, quand ils s'aperçurent, sous la sage domination d'une femme, qu'on ferait mieux sans lui qu'avec lui.

Jeanne revint en ses pays. Tantôt en Flandre, tantôt en Hainaut, pour que son heureuse influence se fît également sentir dans les deux comtés, « la fille de l'empereur d'Orient vivait simplement et dans le deuil. Pratiquant la dévotion et l'humilité, occupée à fonder et à réparer des hôpitaux et des églises, elle passait honorablement et sans reproche les années de sa jeunesse au milieu des tribulations et des angoisses. » [1]

Oui, des angoisses, et quelles angoisses! Jeanne n'avait pas seulement à déplorer les malheurs de la patrie et les siens propres, mais encore ceux de la personne qui devait lui être la plus chère au monde — de sa sœur. Triste similitude d'existence! Il était écrit dans la destinée des filles de Bauduin IX qu'elles seraient veuves toutes deux du vivant de leurs maris.

[1] Ce sont les paroles mêmes de Jacques de Guise, v. XIV, 168.

IV.

Aventures de Bouchard d'Avesnes.

Vers la fin du XII.ᵉ siècle, vivait à la cour du comte de Flandre, Philippe d'Alsace, un jeune enfant ayant nom Bouchard. Il appartenait à cette illustre maison d'Avesnes, dont la renommée brilla d'un si vif éclat dès les premières croisades. Son père, Jacques d'Avesnes, faisait en ce temps-là même des merveilles en Palestine. C'était lui qui, à la bataille d'Antipatride, le 7 septembre 1191, mutilé, haché par les Sarrasins, brandissait encore son épée du seul bras qui lui restait et criait expirant, à Richard Cœur-de-Lion : *Brave roi, viens venger ma mort !*

Bouchard était le troisième fils de ce héros. [1] Suivant la coutume de l'époque, il devait passer le temps de sa jeunesse auprès du souverain, afin de se former parmi les barons et les dames aux nobles usages de la chevalerie. Sa charmante figure, ses heureuses dispositions d'esprit lui concilièrent l'affection du comte et de sa femme Mathilde. Ils n'avaient pas d'enfants; ils s'en consolèrent bientôt, en aimant Bouchard comme on aime un fils. Son avenir les préoccupa vivement. La famille du Seigneur d'Avesnes comptait assez d'hommes de guerre. L'on songea que Bouchard, avec ses bonnes et précoces qualités, pourrait aspirer aux premières dignités ecclésiastiques. La pourpre romaine, la thiare peut-être, apparurent quelquefois dans les rêves paternels des augustes bienfaiteurs, quand ils apprenaient les succès du noble jeune homme aux écoles de Bruges. C'était-là qu'on l'avait mis d'abord, mais Bouchard n'y resta pas long-temps. Ses progrès dans l'étude devenaient si rapides, que son maître conseilla à la reine Mathilde de l'envoyer à Paris.

Paris était dès-lors l'ardent foyer où devaient aller s'échauffer toutes les intelligences. Nulle part, les sciences de l'époque, la philosophie scholastique et la jurisprudence, n'avaient de plus profonds interprètes, des adeptes plus

[1] « Molanus, dans son martyrologe Belgique, met Jacques « d'Avesnes entre les bienheureux qui sont morts pleins de gloire et « de mérites devant Dieu, ayant expié ses fautes par une mort si « glorieuse. » *Hist. gén. du Hainaut*, par le R. P. M. Delewarde, III, 258.

zélés , qu'à l'Université de cette ville. Les ténèbres de la barbarie se dissipaient ; la civilisation faisait effort pour naître. Un irrésistible besoin de savoir s'était emparé des esprits d'élite , et l'on cherchait avec passion la vérité , jusque dans les subtilités de la dialectique , jusque dans les abstractions du droit , jusque dans les spéculations de l'astrologie ! Il n'y avait pas long-temps que les Saint-Bernard , les Abeilard , étaient morts: mais leur génie ne l'était pas ; il se revivifiait chez leurs disciples. Parmi eux et au premier rang , nous devons le dire à la gloire de notre pays , brillait un illustre flamand , Alain de Lille , surnommé par l'admiration naïve de son siècle le *docteur universel.*

Bouchard dut s'inspirer de leurs conseils , s'enthousiasmer de leur exemple , car il s'adonna aux travaux d'esprit avec le zèle d'un plébéien , dévorant avidement les leçons des maîtres dans les cours publics , côte à côte avec de pauvres clercs en guenilles , scrutant , discutant , approfondissant les questions les plus ardues de philosophie naturelle et morale. Le grand seigneur avait disparu : absorbé par l'étude , Bouchard l'écolier , ne songeait plus au luxe , à la richesse dont le comte de Flandre avait voulu entourer le fils de Jacques d'Avesnes pendant son séjour à Paris ; ' il oubliait qu'il était l'enfant de toute une lignée de héros.... que ces héros n'avaient jamais manié qu'un fer de lance ! Oh , combien , plus tard , il dût gémir de n'avoir pas fait comme eux !

' A la cour de Flandre , il lui avait donné le train de quatre chevaux.

Bientôt Paris même ne suffit plus à l'insatiable cupidité d'apprendre qui tourmente Bouchard. L'école d'Orléans florissait par ses professeurs en jurisprudence ecclésiastique et civile. Il y court. Bachelier, puis ensuite docteur et professeur lui-même en droit civil et canon, on le pourvoit d'une prébende et d'un archidiaconé en l'église Notre-Dame de Laon. De semblables dignités, à cette époque, n'exigeaient pas toujours qu'on fût dans les ordres, pour les obtenir. Peu après, le comte Philippe lui fait avoir une autre prébende et la trésorerie de la riche église de Tournai. Puis un certain temps s'écoule, pendant lequel on perd de vue Bouchard. Sa vie reste même un mystère pour ses amis. On le croit dans la retraite avec ses livres.

Un jour, toutefois, il arrive en Flandre. Sa renommée l'y avait précédé et il apparaît à la cour du comte, entouré du prestige que donne toujours et que donnait surtout alors, pour un noble personnage, le renom d'un grand savoir. Les barons de Flandre et de Hainaut, ces braves et rudes guerroyeurs qui pour la plupart ne savaient pas lire, s'étaient sans doute imaginés voir venir Bouchard, le professeur d'Orléans, en robe noire et en bonnet carré. Les barons dûrent être étrangement surpris quand, au contraire, se présenta devant leurs yeux un jeune et beau chevalier, à l'air grave, il est vrai, mais à la parole imprégnée de charmes, aux façons pleines d'élégance et de dignité. Hommes et femmes, à la cour du comte, tout le monde en fut dans le ravissement. On subissait malgré soi l'ascendant de sa supériorité morale, ascendant auquel de rares perfections physiques ne faisaient qu'ajouter.... Mais un grand changement avait dû s'opérer, car ce n'était pas là un docteur, encore moins un archidiacre; c'était l'idéal de la chevalerie personnifié. De prétrise, il n'en fut plus question. [1]

Vinrent les guerres de Flandre sous le comte Bauduin; Bouchard, laissant ses livres, avait repris l'épée de ses ancêtres. Il y fit des prodiges : sa réputation de valeur grandissait à l'égal de celle que, malgré son jeune âge, il s'était acquise comme homme de sagesse et d'expérience. Richard Cœur-de-Lion tressaillit d'orgueil quand il apprit que Jacques d'Avesnes, cet ami mort si glorieusement sous ses yeux aux champs d'Antipatride, avait un fils digne de lui. Il ne voulut pas que d'autres mains que ses mains royales armassent Bouchard chevalier ; il le combla de faveurs et lui donna en Angleterre de grands biens et revenus.

Au commencement du siècle, le comte partit pour la croisade. Bauduin IX emmenait avec lui tout ce que la Flandre et le Hainaut possédaient d'hommes de guerre et d'hommes de conseil. Il voulut qu'au moins une tête solide restât dans le pays pour le gouverner, qu'une main sûre gardât le trésor qu'il y laissait. Il ne se fiait pas trop d'ailleurs en son frère

[1] « Il se concilia la bienveillance du roi et des seigneurs d'Angleterre, ainsi que celle de la noblesse de Flandre, de Hainaut, de Brabant et des bonnes villes de ces pays, au point que personne, de son temps, n'avait une plus grande habileté à la guerre, de sagesse dans les conseils, de justice, d'éloquence et de savoir. Il se distinguait également par ses mœurs et ses vertus héroïques, par sa stature et son adresse dans les exercices du corps, par la force de ses membres, sa vigueur, sa grace, et par une foule d'autres qualités. » J. DE G. XIV, 14.

Philippe de Namur , qui de fait et de droit devait être ce
qu'on appelait alors bail et mainbour des deux comtés pendant l'absence du souverain et la minorité de ses filles.
Bouchard lui fut adjoint en qualité de conseil et Bouchard
n'alla pas en Palestine !

On sait comment Philippe de Namur, trompant tout le
monde , livra ses nièces au roi de France : on sait aussi que,
sur les instances des habitans de la Flandre et du Hainaut,
Philippe-Auguste renvoya Jeanne et Marguerite à Bruges.
Bouchard mit le comble à sa popularité , en dirigeant et en
menant à bien cette négociation. Mais déjà le mariage de
Jeanne avec Fernand était décidé. Il se fit , et on dut s'occuper de la jeune Marguerite , alors âgée de onze à douze
ans.....

Laissons ici un chroniqueur de l'époque prendre la parole.
Son langage naïf et plein de bonne foi produira peut-être
sur le lecteur l'impression qu'il nous a fait éprouver à nous-
même. [1]

— « Enfin , après un certain temps , on finit par convenir
entre le roi de France , les parents et amis des deux princesses et les bonnes villes , que Jeanne , l'aînée , serait donnée
en mariage à Fernand , fils du roi de Portugal ; pour Marguerite , on résolut de la confier jusqu'à l'âge nubile au seigneur

[1] JACQUES DE GUISE , XIV , 18. Nous avons tâché de le traduire aussi
fidèlement que possible.

Bouchard d'Avesnes, renommé alors comme le plus prudent chevalier du pays. On lui donnait pour l'accompagner cinq nobles dames des plus honorées de Flandre, avec une suite conforme à son rang et on lui assignait sur les recettes de Flandre et de Hainaut, une pension de trois mille livres monnaie courante. Bouchard se récusa d'abord avec de grandes marques d'humilité et de respect et il fut saisi d'épouvante à l'aspect de la charge qu'on voulait lui imposer. Néanmoins, après mûre délibération, il céda et fit appareiller son hôtel en toute splendeur et magnificence... Puis il y reçut Mademoiselle Marguerite pour l'élever dans les bonnes mœurs, la nourrir honorablement comme il était séant pour la fille d'un si grand empereur et d'un si noble comte qu'avait été le seigneur Bauduin. Dès lors Marguerite entourée de ses dames vécut long-temps pieuse, soumise, humble, chaste et tempérante.

Elle passait doucement les jours que le Seigneur lui accordait, comme une vierge bénigne, dans la pratique des vertus d'honnêteté, de sobriété, de prudence et de force. Maints comtes et barons la demandaient en mariage, qui au seigneur Bouchard, qui à la reine Mathilde. Le roi de France postula sa main pour un chevalier de son sang royal et du pays de Bourgogne, mais les Flamands n'y voulurent entendre. Le comte de Salisbury sollicita pour son fils aîné. Les Flamands s'étant enquis de la personne de ce fils, apprirent qu'il était boîteux et ainsi le reboutèrent. On raconte qu'un jour Mathilde vint à dire :

« Bouchard ne cesse de nous faire à nous et au conseil de
» Flandre des propositions diverses pour le mariage de
» notre fille, et pour lui-même il ne dit mot. » Une des
demoiselles de la reine ayant ouï cela, attendit l'arrivée
de Bouchard et lui dit : « J'ai entendu Madame dire telle
» et telle chose. » Bouchard songea beaucoup en lui-même,
et ensuite fit connaître la chose à ses fidèles amis et spécialement à Watier, son frère, leur demandant conseil sur
la manière dont il devait se conduire. Ceux-ci, qui ignoraient
absolument l'inaptitude de Bouchard, répondirent qu'en si
grave matière ils n'osaient rien conseiller sans connaître au
préalable la volonté de la reine; que du reste, si Mathilde
consentait, il serait facile d'avoir l'adhésion des bonnes villes
et des seigneurs.

Bouchard saisi de terreur se présenta à la reine, lui
découvrit ce qui se passait dans son cœur et requit d'elle
avis et assistance. La reine fixa jour pour répondre. Entre
temps, elle manda son conseil et les gens des villes, puis
leur exposa comment Marguerite avait été demandée en
mariage de la part du roi de France, des Anglais et de
plusieurs chevaliers de diverses nations. Mais que son
éloignement du pays pouvant tourner à mal par la suite,
il valait mieux la marier à quelque seigneur d'un moindre rang, qui pût servir un jour la patrie de sa prudence et
de son bras. La reine conclut en disant : « Or, nous avons
» ici tel seigneur qui est de sang royal et qui nous a fait la
» demande de Marguerite. » Les conseillers après avoir en-

tendu ces paroles de Mathilde, reçurent jour pour délibérer. Ils assemblèrent alors les nobles de Flandre et de Hainaut, ainsi que les conseils des bonnes villes, et après longues discussions, ignorant toujours les empêchements de Bouchard, ils décidèrent qu'il valait mieux marier la jeune princesse avec un seigneur du pays de Flandre ou de Hainaut, qu'avec un étranger et surtout un Français qui, par la suite, pourrait causer malheur à la patrie. »

Voilà comment la fille de l'empereur Baudouin épousa le chevalier Bouchard d'Avesnes. Les noces se célébrèrent vers 1213, en grand appareil, à la cour de Fernand et de Jeanne. Chacun se réjouissait d'une union qui présentait tous les éléments de bonheur. Conclue sous les plus favorables auspices, d'après le vœu populaire, à la grande satisfaction de deux illustres maisons, elle promettait un long avenir de félicités, un avenir que rien ne devait assombrir. La comtesse Jeanne était heureuse de voir désormais fixés le sort de sa jeune sœur et celui de Bouchard, qu'elle aimait presque à l'égal d'un frère. Cet événement de famille, toujours si plein de douces et tendres émotions, vint adoucir un moment pour elle l'amertume des chagrins que lui causait le malheureux état de son pays ravagé par les troupes de Philippe-Auguste, et calmer les inquiétudes qu'avait fait naître en son cœur l'approche de cet orage politique dont la bataille de Bouvines allait être le foudroyant résultat.

Je ne sais trop si l'on était physionomiste au treizième siècle; mais si un observateur quelque peu judicieux s'est rencontré parmi cette cour brillante qui assista au mariage de Bouchard avec Marguerite, il dut être frappé des sensations étranges qui, parfois, sans doute, se trahissaient sur le visage de l'époux. Et, en effet, une grande et noire pensée l'absorbait; il est impossible qu'elle ne se révélât point à travers le masque riant qu'on est bien obligé de se faire en pareille occurrence. Cette pensée, les joies nuptiales ne pouvaient l'effacer; elle était indélébile, comme la cause qui l'avait produite.....

Cependant, Bouchard, après les fêtes, emmena sa jeune femme en Hainaut, dans ses domaines. Ils y furent reçus avec effusion par Watier, le frère aîné des enfants de Jacques d'Avesnes. Watier, joyeux et fier de l'alliance de son frère avec la fille de l'empereur de Constantinople, lui avait donné la terre d'Etrœungt et toutes ses dépendances, plus une rente annuelle de six cents livres de blancs de Valenciennes. ·

C'est à ce château d'Etrœungt, somptueuse et paisible retraite, à deux lieues d'Avesnes, que les nouveaux époux allèrent confiner leurs mutuelles félicités. Ils y séjournaient tour-à-tour et à Valenciennes.

Marguerite n'avait guères que douze ans, lors de son mariage. L'évêque de Tournai, Philippe Mouskes, qui vivait en ce temps-là, nous dit que cette jeune princesse était belle

---

· Cet acte de donation est daté de Mons, le lendemain de Sainte-Marie-Madeleine, 1212.

comme la fleur dont elle portait le nom. [1] Ainsi s'explique l'amour si fatalement obstiné qu'elle sut par la suite inspirer à Bouchard. Ce fut en outre une riche et précoce nature que celle de Marguerite, car la première année de son mariage, elle mit au monde un fils qui eut nom Jean d'Avesnes, et la seconde, un autre fils, appelé Bauduin.

A l'illustration comme guerrier et comme savant, aux honneurs, aux richesses, venaient encore se joindre pour Bouchard les affections domestiques... De puissants liens l'attachaient désormais au monde qui voyait en lui le chevalier le plus accompli, le plus heureux qu'on pût imaginer..... Chacun enviait un bonheur sans égal!...

Tout-à-coup, une sourde rumeur, venant on ne sait d'où, émanant on ne sait de qui, circule en Flandre et en Hainaut. Elle pénètre, s'insinue partout. On eût dit un air pestilentiel. Bouchard le premier en sentit l'influence. Sortant alors du long rêve dans lequel il cherchait à rester endormi, il se ressouvint, si jamais toutefois il avait pu l'oublier, qu'un jour, au maître-autel de l'Église d'Orléans, une main d'évêque lui avait silencieusement rasé la tête; qu'ensuite, ce même évêque l'avait revêtu du caractère indélébile et sacré que confère le sous-diaconat. Le sacrilège fut bientôt proclamé. La no-

[1] La contesse iert en sa conté,
Jehane, et s'ot à Margerie
Qui biele estoit com margerie.
      Cinox. rimée, édit. Reiffenberg, v. 24515.

blesse murmura, le clergé murmura, le peuple murmura plus fort qu'eux. L'illusion était détruite, le charme rompu. Le chevalier, naguères encore si glorieux et si populaire, avait disparu; et ce ne fut plus qu'un apostat qu'on signalait du doigt, en le montrant!

Du coup, Jeanne fut attérée. Sa sœur avait été odieusement trompée, elle aussi, le pays aussi. A un grand scandale, il fallait une grande réparation. Mais quelle réparation eût suffi pour laver le crime? La comtesse exigea d'abord que Bouchard abandonnât Marguerite. ¹ Il n'en fit rien. Cependant, au milieu d'un peuple profondément religieux, dans le temps des fortes croyances, la fille de l'empereur Baudouin, du chef de la croisade, pouvait-elle rester la femme d'un prêtre renégat, et partager une éternelle réprobation?

¹ « Le trouble et l'étonnement de la comtesse furent inexprimables, dit Jacques de Guise. Elle manda l'évêque de Tournai et les principaux ecclésiastiques de ses états. Après avoir donné diversement leur avis sur cette affaire, ils décidèrent qu'il serait à propos de la soumettre au prochain concile qui s'assemblerait à Rome; et la comtesse suivit cet avis. Pendant ce temps-là elle écrivit plusieurs fois à Bouchard, et envoya près de lui des chevaliers et l'évêque de Tournai, pour l'engager à lui rendre Marguerite, qui trouverait auprès d'elle le meilleur accueil. Les uns étaient d'avis que Marguerite se fît religieuse ou béguine; d'autres voulaient qu'elle entrât en l'abbaye de Sainte-Vaudru ou à celle de Maubeuge, ou aux hospitalières; quelques-uns disaient qu'elle devait passer le reste de ses jours dans la simplicité et l'humilité; enfin, chacun donnait son avis sur cette affaire. Mais Bouchard refusa absolument de rendre Marguerite. La comtesse voyant son obstination, écrivit au pape Innocent et au concile général, pour qu'ils daignassent prendre une détermination sur le cas où se trouvait sa sœur, et décider si son mariage avec Bouchard était valable et si les deux fils qu'elle avait eus de lui devaient être réputés légitimes. » — XIV, 171.

D'ailleurs, la chrétienté toute entière n'avait pas tardé à s'émouvoir de cet événement. Un concile général se tenait alors à Latran. L'apostasie du sous-diacre Bouchard y fut dénoncée par la comtesse de Flandre. Le pape Innocent III, ce pontife austère, cet homme inflexible, qui avait dompté Jean Sans-Terre et forcé Philippe-Auguste à renvoyer Agnès de Méranie, tressaillit d'une sainte colère. La bulle qu'il fulmina le prouve assez. — « Innocent, évêque, serviteur des servi-
» teurs de Dieu, aux vénérables frères l'archevêque de
» Rheims et à ses suffragants [1], salut et bénédiction apos-
» tolique. Un horrible, un exécrable crime a retenti à nos
» oreilles. Bouchard d'Avesnes, naguères chantre de Laon,
» revêtu de l'ordre du sous-diaconat, n'a pas craint d'enle-
» ver frauduleusement de certain château, où elle était con-
» fiée à sa foi, sa cousine, noble femme, Marguerite, sœur
» de notre chère fille en J.-C., noble femme, Jeanne, com-
» tesse de Flandre: il n'a pas redouté de la détenir, sous le
» prétexte impudent et menteur d'avoir contracté mariage
» avec elle. Comme du témoignage de plusieurs prélats et
» d'autres hommes probes qui ont assisté au sacré concile
» général, il nous a été pleinement prouvé que ledit Bou-
» chard est sous-diacre et qu'il fut jadis chantre de l'église de
» Laon; ému de pitié dans nos entrailles pour cette jeune
» fille, et voulant remplir les devoirs de notre office pastoral

[1] Les évêques d'Arras, Beauvais, Senlis, Cambrai, Châlons, Laon, Noyon, Térouanne et Tournai.

» envers l'auteur d'un forfait si odieux, nous vous ordon-
» nons et mandons par ces lettres apostoliques, que les
» dimanches et fêtes, par tous les lieux de vos diocèses, au
» son des cloches et les cierges allumés, vous fassiez annon-
» cer publiquement que Bouchard l'apostat, contre lequel
» nous portons la sentence d'excommunication que réclame
» son iniquité, est mis, lui et ses adhérents, hors de commu-
» nion, et que tout le monde doit avec soin l'éviter. Dans les
» lieux où Bouchard sera présent avec la jeune fille qu'il dé-
» tient, dans les endroits même en dehors de votre juridic-
» tion où, par hasard, il aurait l'audace d'emmener ou de
» cacher ladite jeune fille, le service divin devra cesser à
» votre commandement, et cela, tant que ledit Bouchard
» n'ait rendu Marguerite libre, à la comtesse sus-nom-
» mée, et que, satisfaisant comme il convient aux injures
» commises, il ne soit humblement retourné à une vie
» honnête et à l'observance de l'ordre clérical. Ainsi donc,
» tous et chacun de vous ayez soin d'exécuter ceci efficace-
» ment, de manière à faire voir que vous aimez la justice et
» détestez l'iniquité, et aussi pour n'être pas repris d'inobé-
» dience et de négligence. Donné à Latran, le XIV des
» kalendes de février, l'an XVIII.* de notre pontificat. »
(19 janvier 1215.)

---

* Innocent III fut élu pape le 1.er janvier 1198 : par conséquent,
la 18.* année de son pontificat avait commencé au 8 janvier 1215.

La vive sollicitude de ce prélat à l'égard des filles du comte Baudouin s'explique. C'était pour le pape une affaire de conscience. En
1198, alors qu'il s'agissait d'organiser cette grande croisade dont le

S'il fallait en croire quelques chroniqueurs, Bouchard n'aurait pas attendu que le pape l'excommuniât, pour crier merci. Il serait allé spontanément à Rome , dès que le sacrilège fut ébruité, et là, courbant son front devant le pontife, il aurait accepté une dure pénitence : celle de passer un an dans la Palestine et de ne plus revoir sa femme et ses enfants. Bouchard , toujours suivant ces mêmes historiens, accomplit fort bien la première condition mise au pardon de sa faute. Pendant une année toute entière , les saints , lieux où vivait encore le glorieux souvenir de ses ancêtres, le virent, non pas le bourdon de pélerin sur l'épaule , mais bien la hache d'armes en main , guerroyant de la belle façon , pourfendant à plaisir Turcs et Sarrasins. Puis , Bouchard , de retour en son pays , au château d'Etrœungt , aurait revu Marguerite et ses deux fils; il aurait senti leurs étreintes, et, son courage l'abandonnant, il se serait écrié au plus fort de la passion et du désespoir, qu'il aimerait mieux être écorché vif , que d'abandonner désormais la femme de son cœur et les chers petits enfans qu'il tenait d'elle. — Tout cela ne laisse pas que d'être fort dramatique et très-touchant ; aussi regrettons-nous que tout cela ne soit pas historiquement vrai. Bouchard ne quitta pas le Hainaut. Pour s'en convaincre , il suffit de jeter les yeux sur le texte de la bulle.

comte de Flandre devait être le chef, Innocent, pour ôter toute crainte, tout scrupule à Baudouin , lui écrivit une lettre dans laquelle il le prenait sous sa protection lui et sa famille , jurant d'avoir, pendant l'expédition, un soin particulier des enfans du comte et de leur patrimoine. En un mot , il les adoptait. Voir cette lettre: *Epist. Innoc. III , T. XI. Conc. genec.*

Quoi qu'il en soit, Bouchard tint tête à l'orage. Enfermé entre les hautes tours du château d'Etrœungt, il ne parut pas ébranlé de ce premier coup de foudre. Le second ne se fit pas long-temps attendre. Honorius III, successeur d'Innocent qui venait de mourir, fulmina le 17 juillet 1217, une nouvelle bulle, plus énergique, plus significative encore que la première. Il y disait :

— « Plût à Dieu que Bouchard d'Avesnes, cet apostat per-
» fide et impudique, se voyant frappé, en conçût de la dou-
» leur, et que brisé de contrition il acceptât humblement la
» correction ecclésiastique ; ainsi le châtiment lui rendrait l'in-
» telligence, l'ignominie qui souillait sa face viendrait à cesser;
» le saint ministère ne serait plus en lui sujet à l'opprobre et
» l'on ne verrait plus le visage d'un clerc couvert de confu-
» sion : Bouchard enfin n'aurait plus à craindre le reproche
» et la parole de tous ceux qui l'abordent. Tandis qu'au
» contraire le caractère clérical est blasphémé en lui parmi
» les nations et que vous-mêmes, mes frères, encourez l'ac-
» cusation de négligence,.... Mais, bien que suivant ce que
» nous a fait dire la comtesse sus-mentionnée (Jeanne), vous
» ayez fait promulguer l'excommunication du sus-nommé
» Bouchard, comme vous n'avez pas pleinement exécuté no-
» tre mandat apostolique en d'autres points non moins né-
» cessaires, ledit Bouchard n'a eu garde de se tourner vers
» celui qui l'a frappé et n'a point invoqué le Dieu des armées.
» Bien loin de là, cette tête de fer, ce front d'airain ne s'est
» ému ni de la crainte de Dieu, ni de la crainte des hommes
» et n'a donné aucun signe de repentir. Ladite comtesse,

» toujours accablée de douleur et pénétrée de confusion,
» n'a donc pu jusqu'à présent recouvrer la sœur qui lui
» est ravie. Ainsi, voulant atteindre par un châtiment plus
» grave celui qui ne s'est point laissé pénétrer par la com-
» ponction, nous mandons expressément à votre Paternité
» que, suivant l'ordre de notre prédécesseur, vous ayez à
» procéder contre l'apostat susdit, nonobstant tout obstacle
» d'appel, de façon à faire voir que vous avez de tels forfaits
» en abomination, et que la comtesse sus-nommée n'ayant
» plus à renouveler ses plaintes, nous puissions rendre bon
» témoignage de votre droiture et de votre zèle. Donné à
» Agnani le 16 des kalendes d'août, l'an premier de notre
» pontificat. » (17 juillet 1217).

Cette excommunication n'eut pas plus d'effet que la première. Marguerite, de son côté, ignorait-elle la position de
Bouchard? Bouchard la tenait-il dans une retraite tellement
impénétrable qu'elle ne devait rien savoir de ce que chacun
savait? Non, elle connaissait tout, et malgré tout, elle restait
unie par les liens d'une affection puissante à celui qu'elle ne
pouvait plus nommer son mari, mais qu'elle aimait toujours.

Cette pensée soutenait Bouchard dans l'adversité; elle le for-
tifiait surtout dans la lutte terrible qu'il avait engagée contre
les hommes et Dieu. Marguerite, en un mot, s'était faite sa
complice. Quand le juste courroux de la comtesse Jeanne et
les fureurs d'un peuple indigné le forcèrent enfin à s'expatrier,
on le vit encore ferme et courageux sur la terre étrangère, trai-

ner avec son existence de proscrit, le lien fatal qui l'enchaînait au monde : sa femme et ses enfants.

Tantôt il vivait dans une province, tantôt dans une autre ; au fond de quelque retraite que lui ouvrait furtivement la main généreuse d'un ami. L'excommunié avait encore des amis ! Il se trouva même des prêtres assez audacieux pour dire la messe à l'intention de Bouchard et de sa famille. Il parcourut de la sorte, pendant trois ans, les diocèses de Laon, de Cambrai et de Liége.

La papauté, devant qui les empereurs et les rois humiliaient leurs fronts, ne pouvait vaincre l'obstination d'un sous-diacre. Cependant une troisième excommunication plus violente que ne l'avaient été les deux autres, est fulminée par Honorius. Cette fois, ce n'est plus Bouchard seul qui est frappé, c'est son frère Gui d'Avesnes, ce sont ses amis Waleran et Thierri de Hufalize et les autres qui ont donné asile à l'apostat, ce sont les prêtres qui ont prié pour lui, c'est Marguerite enfin qu'atteindra l'excommuniation, si Bouchard n'est pas laissé dans l'isolement comme un lépreux.

« Honorius, etc... Pourquoi la bonté divine n'a-t-elle pas
» permis que le méchant apostat Bouchard d'Avesnes se ré-
» veillât et ouvrit enfin les yeux pour reconnaître son iniquité
» et apercevoir les immondices dont il est souillé depuis la
» plante des pieds jusqu'au sommet de la tête, et que,
» de l'abîme boueux où il est enfoncé, il poussât un cri
» vers le seigneur pour obtenir d'être retiré de cet étang

» de misères et de la fange d'impureté où il est retenu ?.....
» Mais non, nous le disons avec douleur, le cœur de cet
» homme est endurci. Il se corrompt et se putréfie de plus
» en plus dans son fumier : comme une bête de somme, il
» élève la tête, et comme l'aspic qui n'entend pas, il se bou-
» che les oreilles pour ne point écouter nos corrections et
» écarter de lui les remontrances qui devraient le retirer de
» l'iniquité. Aussi le misérable doit-il craindre avec raison
» d'encourir tout à la fois l'exécration de Dieu et des hommes,
» c'est-à-dire les châtiments temporels d'une part et les peines
» éternelles de l'autre. Nous rougirions de rappeler encore
» ici les forfaits que l'apostat susdit a commis impudemment
» envers noble femme, notre très-chère fille en Jésus-Christ
» Jeanne, comtesse de Flandre, etc.... Mais comme nobles
» hommes Waleran, Thierri de Hufalize et d'autres encore
» des diocèses de Laon, de Cambrai et de Liége favorisent
» le même apostat excommunié et gardent les receptacles
» où est détenue ladite Marguerite, et qu'en outre, noble
» homme, Gui d'Avesnes, frère germain du même apostat,
» et quelques autres avec lui, le maintiennent de toutes
» leurs forces, et qu'enfin il s'est trouvé des prêtres assez
» audacieux pour célébrer témérairement les divins offices
» au mépris de l'interdit dans les lieux où la susdite Margue-
» rite est détenue captive, etc.... Nous mandons apostolique-
» ment à votre discrétion de publier, etc. (la formule d'ex-
» communication comme ci-dessus)... et s'il est trouvé que
» ladite Marguerite, s'étant rendue complice d'une si grande

» iniquité, ne s'est point séparée de son séducteur, qu'elle
» soit aussi nommément excommuniée, nonobstant tout ap-
» pel, jusqu'à récipiscence, etc.— Donné à Rome le VIII des
» kalendes de mai, l'an troisième de notre pontificat
» (24 avril 1219). »[1]

L'ange rebelle resta debout et impassible. Sourd aux prières, aux larmes, aux menaces de la comtesse Jeanne, qui ne cessa point de lui redemander sa sœur à grands cris, sourd aux anathèmes du pape, à la malédiction des peuples, bravant tout à la fois et le ciel et la terre, Bouchard garda long-temps encore près de lui la fille de l'empereur Bauduin.[2] Marguerite lui donna même un nouvel enfant durant cette union maudite. C'était une fille. Bouchard la fit nommer FELICITAS : cruelle et amère allusion aux circonstances au milieu desquelles elle naquit ![3]

---

[1] Cette bulle et celles dont nous avons donné ci-dessus la traduction, sont conservées aux archives générales à Lille (Chambre des comptes).

[2] On garde aux Archives générales à Lille, un acte de 1222, où Marguerite donne encore à Bouchard le titre d'époux : *maritus meus*. (1.er CARTULAIRE DE HAINAUT, *pièce* 14).

[3] Bouchard eut trois enfants de Marguerite de Constantinople : 1.º Jean d'Avesnes, qui mourut la veille de Noël 1257; 2.º Bauduin d'Avesnes, seigneur de Beaumont, mort en 1259; 3.º Felicitas d'Avesnes, laquelle trépassa l'an 1282 Les deux premiers furent enterrés au milieu du cœur de l'église du couvent des Frères Prêcheurs, dit de Saint-Paul, à Valenciennes. Leur sœur Felicitas, reçut sa sépulture au moustier de le Ture. D'Outreman rapporte tout au long les épitaphes de la maison d'Avesnes, lesquels de son temps existaient encore. Voir son *Histoire de Valenciennes*, 436.

Le dénouement de cette déplorable histoire approchait. Il est fort simple. Abandonné de tous, Bouchard ne tarda pas à l'être de Marguerite elle-même et resta seul au monde. La sœur de Jeanne épousa en 1225 Guillaume de Dampierre. [1] L'on raconte que, peu de jours avant cette union, l'excommunié écrivit à celle qu'il avait hélas! trop aimée. Est-il possible, comme le dit un historien, [2] que Marguerite ait eu le courage de lui répondre : « Sire, laissez-moi en paix et beso- » gnez de dire vos heures? »

Bouchard vécut long-temps encore. Il est probable que par la suite il rentra en grâce devant Dieu et devant les hommes. Dans tous les cas, la comtesse Jeanne lui pardonna et l'on ne songea plus trop à lui. Nonobstant les fables qu'on fit courir sur le trépas de Bouchard, il paraît aujourd'hui certain qu'il mourut naturellement dans son lit, au château d'Etrœungt vers 1240 et fut enterré à Cerfontaine, près de l'ancienne abbaye de Montreuil-les-Dames, sur les confins de la Thiérache et du Hainaut. [3]

[1] Si prist Guillaume de Dampière,
    Mais ele en fu partot blasmée,
    Quar Boncars l'avoit molt amée.

Ph. Mouskes, 25290.
Guillaume de Dampierre était le deuxième fils de Gui II de Dampierre, et de Mathilde, héritière de Bourbon.

[2] Buzelin, si j'ai bonne mémoire.

[3] « Davantage Gille Ansel Valentiennois et Scohier Beaumontois, tous deux grands généalogistes, et par conséquent obligés à fureter les archives, tant des monastères, que des seigneurs et gentils-hommes

Ainsi disparut insensiblement de la scène politique cette sombre figure d'apostat. Bouchard avait été populaire dans son temps, mais le sentiment qui le fit réprouver l'était bien davantage encore. Un homme n'est rien devant un principe.

des Pays-Bas, asseurent qu'il mourut de sa mort naturelle; et disent d'avoir veu le testament, et diverses ordonnances faites par Bouchard peu devant sa mort, au village d'Estroen-Cauchie qui estoit à luy. Il gist à Clesfontaine, une lieue de la Veronique, ou de Monstrœul-les-Dames. D'OUTREMAN. *Hist. de Valenciennes*, 140.

V.

Du gouvernement de Jeanne et de quelques particularités.

A part l'événement que nous venons de raconter, les dix premières années qui s'écoulèrent depuis la bataille de Bouvines et la captivité du comte Fernand n'offrent rien de bien saillant. Cette période de l'histoire de Jeanne ne fut plus guères signalée que par des incidents politiques. Il est toutefois nécessaire d'effleurer ces particularités, afin de ne pas laisser s'interrompre la chaîne des temps, la succession des idées, afin aussi que rien ne reste en arrière de ce qui peut servir à fixer l'opinion sur une des femmes assurément les plus remarquables du moyen-âge.

Un mot d'abord sur le gouvernement intérieur du pays.

S'il est permis de nous servir d'une distinction d'hier pour formuler une pensée qui se reporte au-delà de six siècles, nous dirons que Jeanne régnait mais ne gouvernait pas ; du moins elle ne gouvernait pas seule.

En Flandre et en Hainaut, plus que partout ailleurs à cette époque, l'heureuse fusion du principe municipal avec le système féodal avait produit une administration libérale et forte. C'était comme une grande famille. La comtesse avait son bailli, sorte de ministre responsable, représentant ordinaire du souverain dans toute espèce de juridiction, puis un conseil d'hommes sages qu'elle consultait quand il s'agissait d'un acte politique quelconque. [1] La cour suprême féodale, formée des hauts barons des deux comtés, statuait sur les affaires d'administration générale, en prenant toutefois l'adhésion des échevins des principales villes dont l'assemblée portait le nom d'échevins de Flandre et de Hainaut. Ces états aidaient la comtesse et la dirigeaient souvent en ses résolutions. Mais Jeanne, on en trouve quelquefois la preuve, conservait sur eux une très haute influence qu'elle puisait dans la sagacité naturelle de son esprit, dans sa fermeté, dans l'exemplaire austérité de sa vie publique et privée.

[1] On en trouve la preuve dans une charte de 1216 : « Per consilium dilectorum meorum Walteri de Avesnis, Walteri de Somerghem, Sigeri de Moscron, Philippi d'Eenan. » En 1234, pendant son veuvage, on la voit encore consulter Arnoul d'Audenaerde et Watier de Formeselle, au sujet des droits et prérogatives à accorder au dépensier et pannetier héréditaire de Flandre, Jean de Bellenghien. Voir ces actes aux *Pièces Justificatives* ci-après.

C'était sur ces bases solides que reposait la nationalité flamande ; aussi resta-t-elle debout après le désastre de Bouvines. Cependant, ne semblait-il pas alors que Philippe-Auguste n'avait plus, pour se rendre maître de la Flandre, qu'à étendre la main sur ce pays qui lui avait coûté tant de sang et d'argent. Sans doute il en rêva souvent la conquête. Oui, mais aussi, d'un autre côté, Philippe apprit, s'il ne le savait pas, qu'on ne s'empare point d'une nation comme on prend un homme au milieu d'une bataille. L'homme s'enlève ; on le met en prison quand il est vaincu. La nation reste vivace sur le sol qui la porte ; elle s'y attache avec force et dit au conquérant : « Enlève-nous si tu l'oses et si tu peux ! » Le conquérant recule — à moins qu'il ne s'appelle Louis XIV. [1]

Une fois le pays en paix, Jeanne, comme nous l'avons vu, ne le fut pas encore. De nombreux soucis l'accablaient, en première ligne desquels il faut compter la scandaleuse obstination de Bouchard, et en dernière, sans doute, le trépas de la reine Mathilde qui, se promenant en chariot, pour son agrément, le long d'un marais aux environs de Furnes, périt étouffée sous cette voiture qu'un maladroit valet fit verser dans la boue. [2] Cette femme joua toujours de malheur. On se rappelle que c'est elle qui fit un comte de Flandre du portugais Fernand, et maria la seconde des filles de l'empereur au chanoine Bouchard. Il est probable qu'elle avait aussi

[1] On sait que Louis XIV fit la conquête de la Flandre en 1667.
[2] Cet évènement arriva le 6 mars 1219.

trempé dans la ligue fatale qui amena Bouvines. Après la
mort de cette princesse, toute la Flandre Gallicane, qui était
son douaire, retourna à la comtesse Jeanne.

Au milieu des graves préoccupations du pouvoir, la comtesse de Flandre n'oublia jamais un seul instant qu'elle avait,
comme épouse, un grand devoir à remplir; et elle le remplit
tant que dura la captivité de Fernand. Chaque année, sans se
laisser décourager par les refus si nettement exprimés du roi
de France, elle faisait de nouvelles tentatives pour tirer son
mari de la tour du Louvre. Elle employa d'abord l'entremise
du pape Honorius, puis celle du cardinal-légat, puis enfin
celle des évêques de Cambrai, de Tournai et de Térouane; ce
fut toujours en vain. Chaque fois, les négociateurs trouvèrent
Philippe inébranlable. [1] En 1220, Jeanne n'avait pas perdu
toute espérance : elle travaillait encore à la délivrance de
Fernand, comme le prouvent des actes reposant aux archives
générales de Flandre, à Lille. L'année suivante, les chanoines
de Saint-Pierre de Lille, ouvrant leur coffre-fort, lui offraient
spontanément et en don, trois cents livres monnaie de Flandre, pour lui venir en aide, et elle empruntait aux Juifs, à
des taux énormes, une somme de plus de 29,000 livres, destinée également à la rançon de son mari. L'acte de cet emprunt
est trop significatif pour ne pas trouver place ici :

[1] Voyez, sur les tentatives réitérées que fit Jeanne pour tirer son
mari de prison, Jacques de Guise, Meyer, Oudegherst, Ferri de
Locres, Warnkœnig.

« Moi, Jeanne, comtesse de Flandre et de Hainaut, à tous ceux qui verront les présentes lettres, je fais savoir que j'ai reçu pour la mise en liberté de mon très-cher époux Fernand, comte de Flandre et de Hainaut, qui était retenu en prison par mon seigneur le roi de France, en mon nom et en celui de mondit époux, de marchands Siennois, Romains et autres, savoir, de Cortebragne et de ses associés, onze mille et quarante livres, qui leur vaudront treize mille et quarante livres; d'Hubert de Château-Neuf, trois mille et quarante-huit livres, qui lui produiront quatre mille livres; de Jean le Juif, trois mille livres, qui lui vaudront trois mille cinq cent trente-six livres et cinq sous; de Grégoire Alexis et de ses associés, cinq mille et cent six livres, dont il aura six mille livres; de Barthélemi, sept mille livres, dont il aura huit mille cinquante livres. Pour ces divers engagements, les créanciers ont aussi des lettres de ma très-chère dame et amie l'illustre Blanche, comtesse de Troyes, et de son fils Thibaut, comte de Champagne. Ladite comtesse et ledit comte de Champagne, aux instances de mon époux et aux miennes, de notre volonté et consentement, ont fait leur promesse auxdits créanciers et leur en ont donné des lettres-patentes. Que si, par hasard, lesdites sommes n'étaient pas entièrement payées aux termes fixés, alors ladite comtesse et le comte de Champagne, à la réquisition de ces mêmes créanciers, interdiraient leurs marchés à tous les marchands et bourgeois de notre territoire, et, tant dans ces marchés qu'au-dehors, prendraient et saisiraient les effets et les corps des bourgeois et marchands de notre territoire, partout où ils les trouveraient, soit dans leur territoire, soit ailleurs, et les retiendraient jusqu'à ce que lesdits créanciers fussent pleinement satisfaits de tout ce qui leur sera dû, les frais en sus. *Moi donc, et mon dit mari avons obligé et engagé tant nos personnes que tous nos biens présents et à venir, à ladite comtesse et audit comte.* Si, à l'occasion du présent emprunt, ils venaient à éprouver quelque dommage, ou s'ils étaient forcés de faire quelque dépense pour la mise en liberté de notre dit époux; nous leur en ferions pleine restitution, et, sur leur parole, nous les dédommagerions de tout ce qu'ils auraient perdu ou dépensé.

» En foi de quoi j'ai fait dresser les présentes lettres et les ai munies de mon sceau, l'an de l'Incarnation de Notre-Seigneur 1221. »

Ainsi, Jeanne concluait un marché ruineux, se livrait *corps et biens*, tout cela sans résultats. Mais elle ne se décourageait pas.

Cette activité que Jeanne apportait à l'exécution d'un projet, à la réalisation d'une pensée, cette sorte de ténacité avec laquelle elle marchait droit au but, sans s'effrayer des obstacles, cette courageuse persévérance enfin, qui ne lui faillit jamais dans les grandes circonstances, est l'un des traits les plus significatifs du caractère de la comtesse de Flandre.

Soit qu'il s'agisse d'administration intérieure, soit qu'il s'agisse d'affaires diplomatiques, on ne la trouve jamais au dessous de sa position. En voici la preuve. On sait que les comtes de Flandre n'étaient pas seulement grands vassaux et pairs du royaume de France; mais qu'ils relevaient aussi, pour certaines portions de pays, de l'empereur d'Allemagne. Il paraît qu'au milieu des préoccupations pénibles dont elle avait toujours été entourée, Jeanne négligea de prêter foi et hommage à l'empereur, ainsi que le faisaient tous les comtes de Flandre. Fréderic II s'en fâcha, et en 1218, dans une diète solennelle à Francfort, confisqua la Flandre impériale, ni plus ni moins. C'était une très grave affaire en ce qu'elle devait, un jour ou l'autre, rallumer la guerre en Flandre. Effectivement, l'empereur avait concédé les parties qui tenaient de l'empire à Guillaume, comte de Hollande. A chaque instant, ce dernier pouvait chercher à prendre possession des nouveaux domaines qu'on venait de lui octroyer. Il n'y eût certes pas manqué, si sa puissance eût égalé sa bonne volonté; mais c'est une fortune qu'il n'eut jamais qu'en imagination, grâce à l'adresse que Jeanne déploya dans cette circonstance délicate. Elle négocia avec tant d'habileté, qu'en définitive la chose tourna même à son profit. Deux ans ne s'étaient pas écoulés que l'empereur annulait la confiscation, en reconnaissant que les chemins étaient trop périlleux pour que la jeune femme ait pu se rendre en Allemagne pendant la captivité de son mari, qu'ainsi elle était excusable de n'avoir point fait son hommage, etc. L'année suivante, en 1221, son fils Henri VII faisait plus encore. En déclarant de nouveau rapportée la sentence de 1218, en confirmant la comtesse dans la possession des fiefs impériaux, il forçait le comte de Hollande à subir et à reconnaître derechef sa dépendance de la Flandre. De sorte que, de suzerain qu'on l'avait fait, Guillaume retomba vassal de la comtesse, et plus vassal que jamais.

Une pensée prédomine dans toute la conduite politique de Jeanne relative au gouvernement de ses domaines : celle d'accroître le pouvoir municipal et par là de contrebalancer l'influence des hauts barons qui commençait à se montrer menaçante. Il y avait surtout une classe de seigneurs fort à craindre ; c'étaient les châtelains, dont la puissance devenait très dangereuse et pour le peuple et pour le souverain. Sans parler des violences et des rapines qu'on leur avait reprochées de tout temps, ils avaient trouvé moyen de s'affranchir tellement de la domination du comte lui-même, qu'à la bataille de Bouvines, on en vit combattre, sans plus de gêne, parmi les chevaliers de l'armée française. Les châtellenies formaient autant de petits états dans l'état. C'était là un grand mal et il y avait urgence d'y remédier. Jeanne le comprit et mit tout en œuvre pour atteindre ce but. Si elle ne parvint pas tout-à-fait à anéantir l'influence des châtelains, on doit dire, à sa louange,

----

Consultez à ce sujet le *Spicilegium* d'ACHERY, II, 215. — MIRÆUS, III, 15 et IV, 510. — BEAUCOURT, *Iaerboeken van 't Vrye*, III, 76. — MEYER, *annal.* ad ann. 1148. — DOM BOUQUET, IX, 528 et X, 258. — WARNKŒNIG, *Hist. de la Flandre*, II, 156. — RAEPSAET, éd. de 1839, IV, 403.

qu'elle l'amoindrit beaucoup. En 1218, elle donnait à la ville de Seclin la même charte d'affranchissement dont jouissait déjà la ville de Lille, charte très sage et très libérale qui devait singulièrement atténuer l'importance du châtelain de cette dernière ville; et, en même temps, elle négociait avec le connétable de Flandre, Michel de Harnes, l'échange de la châtellenie de Cassel. Un peu plus tard, en 1224, elle se fit vendre par Jean de Nesle, pour 23,545 livres parisis, la châtellenie de Bruges, l'une des plus considérables de Flandre. La comtesse eut même à ce sujet, avec Jean de Nesle, un procès fameux qui fut vidé à Paris devant la cour des pairs du royaume, Jeanne ne pouvant être jugée que par cette cour, en vertu des lois de la hiérarchie féodale. [1]

La comtesse de Flandre apportait dans sa lutte contre les châtelains beaucoup d'adresse et, au besoin, beaucoup de courage et de résolution. On prétend que, lors de ses démêlés avec Jean de Nesle, l'obstination était devenue si grande de part et d'autre que la comtesse, dans un moment d'exaltation chevaleresque, ne craignit pas d'envoyer un défi à outrance à son vassal. Lorsque son procès fut gagné contre le châtelain, elle institua à Bruges la fête du Forestier, destinée à perpétuer le souvenir d'un événement qui consacrait

---

[1] « Les comtes de Flandre ne pouvaient être traduits devant la cour des pairs de France que pour défaut de droit ou déni de justice (*juris seu denegata justicia*), et les jugements rendus par eux et leurs barons ne pouvaient être déférés à la connaissance de cette cour que comme *faux jugements*, rendus par malice, corruption, vengeance ou partialité. » — Warnkœnig, *Hist. de la Flandre*, II, 77.

l'affranchissement de cette belle cité. La prospérité de Bruges,
comme celle des principales villes flamandes du reste, ne
prit le développement prodigieux qu'on sait qu'à partir de la
disparition des châtelains, ou du jour que ces petits despotes
furent mis dans l'impuissance d'exercer la tyrannie et des
oppressions de toute nature.

Ainsi, en même temps qu'elle travaillait à l'affaiblissement
de l'aristocratie, la comtesse de Flandre augmentait le bien-
être du peuple. Les droits politiques d'un grand nombre de
communes dans les deux comtés avaient été consacrés et
reconnus par ses prédécesseurs ou par elle. Elle ne s'en tint
pas là : elle voulut aussi favoriser de tout son pouvoir
le commerce et l'industrie.

En mai 1223, Jeanne confirme le privilége que Philippe, comte de Flandre et de Vermandois, son grand
oncle, avait accordé à l'abbaye de Saint-Bertin d'établir
un marché à Poperingue et d'y faire construire un canal.
Dans l'année 1224, on la voit affranchir de toutes charges, tailles et exactions, les cinquante ouvriers qui
viendront s'établir à Courtrai pour y travailler la laine :
de sorte qu'on peut dire que c'est à Jeanne que les
fabriques de cette ville doivent, sinon leur naissance, ·

· Bauduin III, dit le jeune, établit des marchés à Bruges, Courtrai, Thourout, Cassel, et attira à Ypres, à Gand, à Bruges et en
d'autres villes des tisserands de toile et d'étoffes de laine, vers l'année
958. — WARNKOENIG. II, 182.

du moins les premiers éléments de leur incroyable prospérité. [1]

Sous aucun point de vue et même dans les choses intellectuelles, Jeanne ne se laissa devancer par nul des princes ses contemporains. [2] La langue française, cet idiome devenu,

[1] Voyez sur le développement du commerce et de l'industrie en France au XIII.e siècle, ce que disent RAEPSAET. *Analyse de l'origine et des progrès des droits des Belges et Gaulois*, éd. de 1839 V. 339. WARNKŒNIG, *Hist. de la Flandre*, II, 179.

[2] « A l'ouverture du XIII.e siècle, les dames gouvernantes de la Flandre reparaissent comme protectrices déclarées des Trouvères. Marie de Champagne, femme de Bauduin IX, dit de Constantinople, comte de Flandre, morte de la peste, à Acre, en 1204, choisit elle-même le sujet du second roman du nom de Lancelot, qu'on appelle *Lancelot de la Charette*; elle l'avait tiré d'un incident de *Lancelot du Lac*. Ce poëme, commencé par Chrestien de Troyes et terminé par Godefroy de Ligny, est dédié à la comtesse de Flandre qui en avait fait l'évocation.

» Son mari, l'illustre Bauduin de Constantinople, avant même qu'il fut comte de Flandre et de Hainaut, s'exerçait dans les joutes littéraires, et composa, chose fort bizarre pour un homme du Nord, des vers en langue provençale.

» Leur fille aînée, la comtesse Jeanne, unit l'amour des vers à celui de l'humanité; elle encouragea à la fois les Trouvères et fonda à Lille un lieu d'asile qu'on appelle encore l'Hôpital-comtesse. Cette princesse, tante des comtes Guillaume et Gui, auxquels elle inspira aussi le goût de la poésie, reçut entre les années 1208-1210, une dédicace du trouvère Manessier qui, peut-être, est né dans nos provinces, et qui acheva le roman de Perceval, commencé par Chrestien de Troyes. Il dit en finissant :

> Si com Manessiers le témoigne
> Lui a fin trait ceste besoigne
> Et non JEHANE, la contesse,
> Qui est de Flandres dame et maistresse.
> Et par ce que tout je apris
> De ses bones mours à délivre,
> Ai en son nom finé mon livre.

» Enfin, l'amour de la poésie était tellement incrusté en Flandre, à cette époque du commencement du XIII.e siècle, qu'un châtelain de pour ainsi dire, aujourd'hui, l'idiome européen, ne faisait que de naître. On la parlait bien parmi le peuple, parmi les grands : elle servait bien aux poètes pour leurs fabliaux et pour leurs *chansons de gestes*; quelques chroniqueurs s'étaient même aventurés jusqu'à écrire l'histoire dans cette langue qui ne s'appelait encore que la *langue romane*. Mais long-temps incertaine dans son vocabulaire comme dans sa syntaxe, elle inspirait peu de confiance à la gent méticuleuse et formaliste des hommes d'affaires, et personne encore n'avait osé s'en servir pour la rédaction des actes authentiques. La chancellerie française n'écrivait qu'en latin, et durant les quinze premières années du règne de Louis IX, ce roi si français, ni ses ministres ni lui ne s'avisèrent d'employer l'idiome de Ville-Hardouin et de Joinville. Jeanne fut plus hardie. On a

Lille, Rogier III.e du nom, 9.e châtelain, mort vers 1229, se donna aussi le plaisir, comme les comtes et comtesses de Flandre, (et peut-être le fit-il par esprit de courtisanerie), de commander une chronique en vers à un Trouvère dont le nom n'est pas parvenu jusqu'à nous, mais qui se donne comme vassal du châtelain de Lille. Voici comment il déclare son instigateur :

> Qu'en penseroy conter à plain,
> Por qu'il plaise le *Kastelain*
> De l'Isle, Rogier, mon seignor,
> Cui Dieu doint santé et honor.

« Les neveux de la comtesse Jeanne, dont nous avons parlé plus haut, Gui et Guillaume de Dampierre, suivirent les mêmes errements que leur tante. Le comte Gui avait plusieurs poètes à sa cour, qui l'accompagnaient partout ; on a vu ci-devant quelle était sa générosité envers les jongleurs et ménestrels. Le comte Guillaume de Dampierre était la vraie fleur de chevalerie. Il est aujourd'hui constant que les jolies fables de Marie de France ont été traduites de l'anglais pour lui. » — ARTHUR DINAUX. *Trouvères, jongleurs et menestrels du Nord de la France et du Midi de la Belgique*, 67.

démontré dernièrement que le plus ancien acte original, connu pour avoir été rédigé en français, est une charte passée entre la comtesse de Flandre et Mahaut, dame de Tenremonde, à Courtrai, en 1221, le lendemain de la Madeleine. Chose bizarre! Courtrai, ville flamande s'il en fut jamais, voyait déjà traiter les affaires publiques en français, lorsqu'à Paris on en était encore au protocole latin. Ainsi c'est en Flandre et par la volonté de Jeanne, conforme en cela sans doute au vœu populaire, que le français est devenu une langue officielle. [1]

[1] Voyez les *Recherches sur les premiers actes publics*, *rédigés en français*, par M. Le Glay, mon père. In-8.° Lille, 1837.

[illegible]

[illegible]

VI.

*Comment un ermite se fit passer pour le comte Bauduin,
et comment son imposture fut dévoilée.*

La paix et la tranquillité régnaient dans le pays. La comtesse Jeanne semblait n'avoir plus à redouter pour long-temps
les vicissitudes qu'elle avait subies depuis son enfance, quand
arriva vers 1224 un événement merveilleux qui produisit partout une grande sensation et faillit causer une révolution
complète en Flandre et en Hainaut. Ce fut la plus rude mais
heureusement la dernière épreuve réservée par la Providence

à la fille de Bauduin IX. Nous avons fait plus haut allusion à cette aventure. Sa cause et ses effets sont trop singuliers pour n'être pas ici racontés en détail. Inutile d'ajouter que nous resterons dans les bornes de la plus stricte véracité historique. C'est aux écrivains contemporains et dignes de foi seuls que nous empruntons toutes les circonstances qu'on va lire. ¹

En l'année 1215 ou environ, parurent pour la première fois, en Hainaut, dans la ville de Valenciennes, des frères mineurs de l'ordre de Saint-François. On n'y fit pas d'abord grande attention; mais bientôt la vie mystique et pleine d'austérité de ces religieux attira sur eux l'admiration naïve des peuples. On eût dit que ces hommes étaient d'un autre siècle, tant on les voyait s'efforcer à tenir constamment tendus vers les choses du Ciel leur esprit et leurs yeux. A peine prenaient-

---

¹ Jacques de Guise, surtout, qui rapporte cet épisode avec une précision et une véracité telles, qu'on croirait qu'un témoin oculaire le lui a raconté. — Aux personnes qui me trouveraient trop hardi d'avoir inséré des colloques dans ce récit, je répondrai avec un illustre historien : « Pas une des opinions exprimées sur les hommes ou sur les « faits, n'est tirée d'ailleurs que des sources où j'ai puisé. A plus forte « raison, j'ai dû m'interdire de supposer les discours directs. Toutes « les fois que je les ai trouvés dans les écrivains contemporains et « qu'ils ont pu venir naturellement dans le récit, j'ai saisi avec em-« pressement ce moyen dramatique de faire connaître le caractère « des personnages et l'esprit du temps. Rien, assurément, n'a plus de « charme; toutefois, le langage simple que j'ai adopté, l'absence « complète de tout artifice de rhéteur, tant recommandée par Quin-« tilien, et, ce me semble, par le bon goût, ne me permettaient « rien de plus que de copier en ceci les chroniqueurs du temps passé. « Je sais bien qu'ils rapportent, sans doute, des discours et des con-« versations qui n'ont pas été réellement tenus; mais, racontés par « eux, ils n'en portent pas moins l'empreinte de l'époque dont je vou-« lais donner l'idée. » DE BARANTE, *Hist. des ducs de Bourgogne*, introduction.

ils la nourriture nécessaire à leur existence. Presque jamais ils ne mangeaient d'aliments cuits, et quand ils en fesaient usage, ils y mêlaient de la cendre pour les rendre amers, ou les délayaient dans l'eau afin de leur ôter toute saveur. La terre nue servait de lit à leurs corps fatigués. Une pierre ou du bois leur tenait lieu d'oreiller. Leurs membres amaigris étaient couverts à peine d'une étoffe rude et grossière. Sans cesse en prière, ils ne travaillaient que tout juste ce qu'il falfait pour subvenir à leurs besoins, et c'était aux plus humbles comme aux plus utiles travaux qu'alors ils s'adonnaient. Les uns fesaient des nattes, des paniers, des corbeilles; les autres de la toile; quelques-uns écrivaient ou reliaient ces livres que nous admirons aujourd'hui comme les chefs-d'œuvre d'une patience surhumaine. Quels étaient donc ces saints personnages? D'où venaient-ils? Les populations émues de leur présence, édifiées de leur exemple, auraient bien voulu pénétrer le mystère dont s'entourait leur humble et silencieuse existence. On se livrait à toute espèce de conjectures à ce sujet, quand un incident vint trahir le secret des frères mineurs.

L'an 1222, comme l'on posait les fondements du beffroi, au coin du marché, en la ville de Valenciennes, le sire de Materen, gouverneur de ladite ville pour la comtesse Jeanne, s'en vint assister à cette opération. Il était là regardant faire les maçons et architectes, quand il aperçut devant lui un frère mineur demandant humblement l'aumône parmi la foule. « Cet homme, dit-il aux gens de sa suite, me paraît d'une » élégante et belle stature: son geste est noble et grave, mais

» quel vêtement déguenillé ! Comme tout cela est bizarre,
» misérable ! Qu'on l'appelle et fesons lui l'aumône. »

Le frère s'approcha du gouverneur, et l'ayant considéré avec
attention, il se couvrit le visage de ses mains et s'éloigna aussitôt en disant : — « Je n'accepterai point d'argent. »

On courut après lui, mais il repoussa dédaigneusement la
bourse qu'on lui tendait, et se hâta de regagner son couvent.

Cette conduite parut étrange au gouverneur ; mille pensées
diverses traversèrent son esprit. Il s'enquit du nom de cet
homme qui fuyait sa présence si brusquement. On n'en put
rien lui dire, sinon qu'on le croyait Flamand, que les autres
religieux l'appelaient frère Jean le Nattier, à cause de son
adresse à tresser les nattes. Du reste, ajouta-t-on, il porte
sur le visage deux profondes cicatrices dont l'une descend
du front à l'œil droit en passant sur le sourcil et l'autre partage le front transversalement.

A ces mots, le gouverneur baissa la tête et demeura pensif.
Rentré au logis, il envoie dire au religieux de venir incon-
tinent le trouver. Mais on répond au messager que le frère
a quitté le couvent pour se diriger vers Arras. La nuit se
passe, et le lendemain, dès l'aube, le sire de Materen, suivi
de quelques valets, chevauchait à la poursuite du religieux.
Entre Douai et Arras, il rejoint le frère qui cheminait en
compagnie d'un autre religieux de son ordre, tous les deux
pieds nus et couverts de pauvres vêtements.

— « Bonjour, frères, leur dit-il en les abordant. »

— » Que la paix du seigneur soit toujours avec vous, répondirent ceux-ci, » et l'on marcha en s'entretenant de choses
indifférentes. Quand le gouverneur fut assuré qu'il ne s'était
pas trompé dans ses conjectures, il sauta à bas de son cheval,
et s'approchant du religieux :

— « Seigneur Josse, lui dit-il, vous êtes mon oncle, le
» frère de mon père. Dame Élizabeth, votre sœur, vit encore,
» et vos deux fils ont été faits chevaliers. Pourquoi donc les
» seigneurs vos compagnons d'armes nous ont-ils annoncé
» votre mort en nous renvoyant votre armure, la vieille ar-
» mure de votre aïeul, puisque vous voilà vivant ? »

Le religieux confondu par ces paroles ne savait plus que
dire. Son cœur se remplit d'amertume. Un instant il s'efforça
d'échapper à cette position par des subterfuges ; mais se
voyant reconnu tout-à-fait, il prit la main du chevalier dans
la sienne et lui dit :

— « Jurez-moi de ne jamais révéler ce que vous allez
apprendre. »

Le chevalier jura.

— « Eh bien, oui, je suis votre oncle Josse de Materen,
» le même qui, jadis, comme vous le savez, partit avec
» Bauduin, comte de Flandre et de Hainaut, pour la croi-
» sade ! »

Alors il se mit à raconter les principaux événements de cette grande expédition. Partout et toujours il avait suivi son suzerain depuis la Flandre jusqu'à Venise, depuis Venise jusqu'au siége de Constantinople. Dans les combats, il était près du comte; après les combats, il assistait avec lui au partage des dépouilles. Lors de l'élection de Bauduin à l'empire, il était là présent, à sa confirmation encore, à son couronnement encore. Enfin, il avait pris part aussi à cette sanglante bataille que Bauduin avait livrée aux Blactes et aux Comans, devant Andrinople, et dans laquelle le valeureux prince avait trouvé la mort.

Le gouverneur de Valenciennes écoutait avidement ces précieux détails, et son étonnement redoubla quand le frère se prit à narrer comment les chevaliers Flamands, après avoir long-temps combattu en Palestine, s'en allèrent avec Pèdre, roi de Portugal, frère de la reine Mathilde, jadis comtesse de Flandre, envahir le royaume de Maroc; comment beaucoup d'entre les Croisés reçurent un glorieux martyre sur la plage africaine; comment enfin grand nombre de barons firent vœu d'entrer en religion et y entrèrent en effet.

— « L'infant Pèdre, fils aîné du roi de Portugal, dit le frère en terminant, qui commandait l'armée des Chrétiens, jura que si Dieu lui conservait la vie sauve et lui permettait de revoir sa patrie, il entrerait dans l'ordre des religieux de St. François. Réunis sous l'étendard du prince, nous fîmes vœu de le suivre et d'adopter comme lui l'habit et la règle de ces humbles frères. Puis ensuite nous partîmes emportant avec nous les reliques des martyrs de la foi. Grâce à elles, la traversée fut heureuse. Nous abordâmes en Portugal, et à notre arrivée, l'infant Pèdre raconta à la foule du peuple qui nous entourait l'histoire célèbre du martyre de ces bienheureux; après quoi nous songeâmes à la promesse que nous avions faite à Dieu. Rassemblés au nombre de vingt-huit chevaliers dans un petit couvent fort pauvre de frères mineurs, à Lisbonne, nous quittâmes le monde en présence des rois d'Espagne, de Portugal, de Navarre et d'une foule de seigneurs. Chacun fondait en larmes, lorsqu'on nous entendit renoncer pour toujours à nos armes, à nos femmes, à nos enfants, aux honneurs, aux félicités du siècle. On renvoya nos bonnes armures à nos femmes et à nos amis charnels, car désormais nous étions morts au monde. Alors nous prîmes cet humble et misérable habit, afin d'obtenir la rémission de nos péchés. S'il plaît à Dieu, nous le conserverons jusqu'à la mort. »

A ce récit, le gouverneur, ému de pitié, dit au frère :

— « Quels sont donc les infortunés qui ont avec vous embrassé un genre de vie si bizarre, si incroyable, après les longs tourments que vous avez soufferts chez les Sarrasins? »

— « Oh! ne les appelez pas malheureux, répondit le frère, mais plutôt bienheureux à jamais, puisqu'ils ont méprisé la vie du monde et qu'ils obtiendront les célestes récompenses; eux, qui ont lavé et laveront leurs étoles dans le sang de l'agneau. »

— « Au moins, continua le sire de Materen, si quelque noble chevalier de notre pays avait partagé avec vous cette triste condition, je souffrirais plus patiemment l'injure que vous faites à notre sang, en prenant cet habit. »

— « Voici les noms des chevaliers de ce pays qui se sont liés avec nous pour Jésus-Christ sous le joug de la religion, et je vous dis ces noms sous la foi du serment que vous m'avez prêté. Ceux de Flandre sont Roger de Gavre, frère de Rasse, Henri de Neelle, Liévin d'Axelle, Winoc d'Hondschoote, Thierri de Dixmude, Pierre d'Odenhove et Jean, curé de Zoemerghen ; ceux des provinces voisines, Gautier de Rosoy, frère de Robert, Jean de Trith, frère de Regnier, Macaire de Sainte-Menehould, Barthélemi, frère de Quesne de Béthune, Jean d'Aire et Ferri son frère, Josselin de Balehan, Gautier de Viesly, Bauduin de Neuville, Guillaume de la Porcherie, Siger de Silly, Jean de Hoves et beaucoup d'autres. Et moi, le plus indigne de tous, je me suis joint à ces chevaliers. Peu de jours après notre conversion, l'infant Pèdre fit distribuer nos biens et tout ce que nous avions abandonné, à nos femmes et aux pauvres. Ensuite, à notre prière, il fit appareiller un navire qui nous transporta, mes frères et moi au port de l'Écluse en Flandre. Ainsi nous voilà disséminés et inconnus sur la terre. D'abord, moi cinquième avec le curé de Zoemerghen, nous vînmes aux environs de Valenciennes, où nous trouvâmes des religieux de notre ordre qui nous tendirent leurs bras charitables. Parmi nos frères, plusieurs ont quitté la vie et gisent ensevelis en l'église Saint-Géri ; mais les plus nobles ont survécu, et s'il plaît à Dieu, j'attendrai pieusement dans leur compagnie cette mort que pendant trente ans j'ai cherchée sur les mers, que j'ai cherchée parmi les Turcs, les Grecs et les Sarrasins. Hélas! la grandeur de mes péchés ne m'avait pas rendu digne d'un si glorieux trépas! »

Le gouverneur écoutait en pleurant. Quand il fallut se séparer de son oncle, il le serra sur son cœur avec effusion, et regagna pensif et silencieux la ville de Valenciennes.

Cependant, peu de temps après, le bruit se répandit de tous côtés que les chevaliers qui avaient accompagné le comte Bauduin à la croisade, étaient revenus dans leur patrie pour y vivre pauvres et inconnus, les uns sous l'habit de frères prêcheurs, les autres sous celui d'ermites mendiants. Cela fit une grande sensation. De conjectures en conjectures, le peuple, toujours ami du merveilleux, tomba dans les imaginations. Ainsi que nous l'avons dit, il n'avait jamais eu de confiance bien robuste dans la mort de l'empereur. Souvent, et dès les premières années de la croisade, il avait espéré voir ce prince qu'il aimait tant apparaître un beau jour parmi lui. Quand on sut que ses compagnons d'armes se trouvaient en Hainaut, on pensa qu'il pourrait bien être avec eux. Bientôt même ce ne fut presque plus un doute, grâce aux perfides insinuations de quelques-uns de ces grands vassaux dont la comtesse Jeanne comprimait les velléités tyranniques, et qui, pour se venger, cherchaient toutes les occasions de susciter des embarras à leur courageuse souveraine.

A quatre lieues de Valenciennes, et non loin de la petite ville de Mortagne, existe un bois qu'on appelle le bois de Glançon. Là vivait un ermite, ou pour mieux dire un mendiant que sustentait la charité publique. Un jour que cet homme parcourait les rues de Mortagne tendant la main aux passants, un baron l'aborde. Après l'avoir un instant considéré, il recule de surprise. Comme le mendiant lui en demande la raison, le baron se prosterne et lui dit : « Seigneur, je vous reconnais ; vous êtes bien véritablement l'empereur Bauduin. » L'ermite est stupéfait. Plus il cherche à se défendre d'être l'empereur, et plus le chevalier paraît convaincu du contraire. Tout en fesant mille protestations, il emmène l'ermite ébahi en son hôtel et l'y installe en toute révérence. L'ermite alors trouve le jeu bon et se laisse faire. Bientôt de hauts personnages arrivent à la dérobée qui le circonviennent, lui persuadent que, s'il n'est pas l'empereur, il a du moins une telle ressemblance avec Bauduin, qu'on le peut facilement prendre pour ce prince, lui apprennent plusieurs secrets de famille, enfin le dressent au rôle qu'il doit jouer. Le mendiant se montre d'autant plus intelligent, qu'en son temps il avait été jongleur, ainsi qu'on le verra par la suite.

A Fontenicle fu bagniés,
Lavés, tondus et roegniés.
Et acesmé l'ont comme conte.

Ph. Mouskes, 24643.

Entre temps, on exploite la crédulité du peuple. On lui persuade à l'aise que l'empereur existe réellement, et qu'il consent enfin à sortir de l'obscurité où il avait voulu finir ses jours pour se rendre à l'amour de ses sujets fidèles. Mortagne d'abord le reconnaît pour son souverain. Les populations se soulèvent de joie. [1] On allait à sa rencontre de tous côtés, et c'est avec un immense cortége qu'il se présente dans les villes de Tournai, de Valenciennes et de Lille, où il est reçu par acclamation. A Gand et à Bruges l'entrée du faux Bauduin fut magnifique. Au milieu de l'enthousiasme général, il traversa ces villes porté sur une litière, revêtu du manteau de pourpre et de tous les ornements impériaux. Un archi-chapelain portait la croix devant lui. Chacun pleurait d'attendrissement et de bonheur en voyant ce bon prince sur lequel on avait fait courir tant de sinistres bruits. La grande barbe blanche qui lui était poussée depuis vingt-cinq ans, émerveillait tout le monde. Personne ne se doutait du piège, et quantité de seigneurs des deux comtés donnèrent dedans et suivirent

---

[1] Le bon évêque de Tournai, Philippe Mouskes, dit à ce propos, que si Dieu était venu sur terre, il n'eut pas été mieux reçu que l'imposteur.

> Or vient en Flandres li paumiers
> Qui n'en fu mie coutusmiers.
> Se Dieux fust en tière venus,
> Ne fust-il pas mious recéus
> D'abés, de moines et de clers.
> Quar li pais iert moult enfers.
> Rices présens li aportoient
> Li fol buisnart qui tot perdoient.

V. 24851.

l'imposteur. Tant et si bien que , tout-à-coup , et comme par enchantement , la comtesse Jeanne se trouva presque abandonnée , sans autre appui qu'un petit nombre d'amis fidèles, qui , sachant parfaitement à quoi s'en tenir sur le sort de Bauduin , déploraient avec elle l'astucieuse perfidie de quelques-uns , et le fatal aveuglement de tous. ᾽

Le pouvoir de la comtesse fut un moment ébranlé par cette bizarre aventure : sa vie même courut des dangers. Dans leur exaltation contre Jeanne, qu'ils considéraient comme une fille rebelle, attendu qu'elle ne voulait pas croire ce qu'ils croyaient, les partisans du faux Bauduin dirigèrent leurs coups contre elle. Après avoir cherché vainement à vaincre la superstitieuse obstination de tout un peuple et à s'opposer aux envahissemens de l'imposteur, Jeanne s'était réfugiée en son château du Quesnoy. Une nuit , ils tentèrent de l'enlever ; elle eut à peine le temps de fuir dans la campagne par une issue cachée , de monter à cheval et de gagner la ville de Mons , à travers des chemins affreux et pleins de périls.

᾽ Les noms des seigneurs restés fidèles à la comtesse Jeanne nous ont été transmis par Mouskes, dans sa Chronique rimée, qui renferme du reste tant et de si curieux détails sur toute cette histoire. Ce fut d'abord et en première ligne, Arnoul d'Audenarde, le *Tuteur de Flandre*. Puis, Michel de Harnes, Raoul châtelain de Tournai, Basse de Gavre le fils de celui qui avait été tué à Bouvines, les deux frères de Grimberghe, Gautier et Guillaume. Gilles de Barbançon, Watier de Ghistelles, Gilbert de Sotenghien, Philippe de Somerghem, Sohier châtelain de Gand, Watier de Fontaines, Fastré et Watier de Ligne, Godefroi de Fontaines, évêque de Cambrai, Watier d'Avesnes, comte de Blois, Philippe II de Courtenai, comte de Namur, et plusieurs autres.

En aucune circonstance Jeanne n'eut à déployer plus d'énergie et d'habileté que dans la triste position où la fortune venait encore une fois de la placer. Perdre l'héritage de ses pères, le laisser aux mains d'un misérable aventurier, et surtout passer pour une fille dénaturée, parricide, c'était vraiment là comme une vengeance de Dieu. Jeanne n'avait pas mérité le courroux du ciel…. Elle considéra le nouveau malheur qui lui arrivait comme une épreuve providentielle, et cette épreuve elle la soutint dignement.

Pour nous servir de l'heureuse expression de l'historien d'Outreman, la comtesse « jugea bien que ce fuseau ne se » devait pas démesler par force, mais par finesse. » Elle essaya d'abord de faire venir l'ermite au Quesnoy. Il y avait auprès d'elle en ce moment-là une ambassade du roi de France, Louis VIII, composée de trois hauts personnages, Mathieu de Montmorency, Michel de Harnes et Thomas de Lempernesse. Elle espérait confondre devant eux l'imposteur, mais celui-ci se garda bien de se rendre à l'invitation de Jeanne. Il aimait mieux poursuivre sa marche triomphale.

La chose devenait de plus en plus sérieuse et menaçante. Le roi d'Angleterre, partageant ou plutôt feignant de partager l'erreur commune, écrivit au faux Bauduin une lettre de félicitation, en lui offrant de renouveler d'anciennes alliances. Jeanne éperdue, après avoir vainement tenté tous les moyens

---

¹ Rymers *Fœdera*, I, 277. L'authenticité de cette lettre n'est pas du reste incontestable.

d'ouvrir les yeux à son peuple, attendait avec anxiété que la Providence se chargeât de dévoiler elle-même l'iniquité. Jeanne n'attendit pas long-temps. Le sire de Materen, resté fidèle à sa suzeraine, s'était ressouvenu de la rencontre miraculeuse que naguères il avait faite de son oncle. Il pensa que son appui et celui des frères mineurs, s'ils voulaient le prêter, serait d'un grand secours à la comtesse Jeanne. Il se mit en quête de rechercher cet oncle, et ce ne fut pas sans peine qu'il parvint à le découvrir dans le refuge de Saint-Barthelémy, près Valenciennes, où il était revenu après l'incident que nous avons dit plus haut.

— « Seigneur oncle, dit le gouverneur au religieux, jusqu'à présent j'ai fidèlement tenu le serment que je vous ai prêté ; mais aujourd'hui, vous pouvez voir comment ce maudit ermite s'efforce, contre le bon droit et les lois du pays, à usurper les comtés de Flandre et de Hainaut. Déjà il a été reçu dans toute la Flandre ; bien plus, il est honoré par chacun, dans Valenciennes, comme seigneur et comte de Hainaut, tandis que la véritable héritière et maîtresse du pays, se voit déshériter au mépris de la justice et de Dieu. Il m'est impossible de tolérer de telles choses. Il y a ici urgence, et dans une pareille nécessité, je ne puis ni dois tenir ce que je vous ai promis. Et comme en cette œuvre étrange du démon, il n'y a personne au monde qui sache mieux la vérité que vous et vos frères, je reviens vers vous, poussé par ma conscience ; car vous êtes parti de Flandre avec le seigneur Bauduin, vous avez traversé la mer avec lui, vous ne l'avez pas quitté depuis son intronisation à l'empire de Constantinople, jusqu'à la fin de ses jours; vous l'avez accompagné dans toutes ses guerres, vous avez partagé tous ses périls. Qui donc, sous le Ciel, pourrait plus sûrement que vous faire cesser les doutes et proclamer la vérité? Répondez; que je retourne près de madame la comtesse et de son conseil, pour leur révéler tout ce que vous m'aurez dit; car, dans les circonstances où nous sommes, de telles choses ne doivent plus être un mystère. »

Le frère, confus et plongé dans la plus grande perplexité sur ce qu'il devait dire au gouverneur, ne fit aucune réponse, mais se jetant à genoux, il s'écria les mains tendues vers le ciel : « Seigneur, soyez-moi propice ! »

Alors le sire de Materen prit congé de son oncle et se retira en toute hâte auprès de la comtesse Jeanne. Là, devant le conseil assemblé, il rendit compte en secret de ce qu'il avait fait. Jeanne et ses conseillers furent profondément émus de ce récit. Ils éprouvaient tout à la fois un mélange de joie et de tristesse. Peu de jours après, la comtesse vint à Valenciennes, croyant y trouver les frères; mais ceux-ci, fuyant le souffle de la faveur mondaine, s'étaient dispersés et réfugiés les uns à Liége, les autres à Arras ou à Péronne.

Sans délai, Jeanne informa le roi de France de tout ce qui se passait, lui demandant conseil et protection dans cette périlleuse circonstance. Le roi fit aussitôt partir pour la Flandre et le Hainaut des envoyés qui trouvèrent le pays en révolution. La plupart des communes obéissaient à l'ermite comme à leur seigneur naturel. De leur côté, la noblesse et le clergé ne savaient plus trop à quel saint se vouer. Dans leur perplexité, ils firent aux interpellations des commissaires du roi de France la réponse suivante :

— « Ne nous étant pas consultés, et les deux comtés ni les bonnes villes n'ayant point encore arrêté une détermination, nous ne saurions répondre sans avoir interrogé, consulté les personnes que nous savons pertinemment avoir accompagné le seigneur dont il s'agit jusqu'à sa mort et qui ont bien connu sa manière d'être, son extérieur et jusqu'aux signes particuliers qui distinguent sa personne. C'est pourquoi nous requérons unanimement un délai pour faire notre réponse. » [1]

En même temps Jeanne faisait rechercher en toute diligence les personnes qui pouvaient avoir connu son père et surtout les frères mineurs dont le gouverneur de Valenciennes avait parlé. On en trouva dix-neuf d'entr'eux, dont seize laïcs et trois prêtres, qui furent mandés devant la comtesse Jeanne et les envoyés du roi.

[1] « Les marques que l'imposteur Bauduin montrait aux personnes nobles et aux gens de piété, c'étaient des cicatrices au côté, aux mains, aux pieds et à la tête, qui firent d'abord impression sur quelques personnes qui avaient eu quelque familiarité avec l'empereur. Thierri, abbé de Saint-Jean-de-Valenciennes, l'abbé de Saint-Vaast, le duc de Louvain (*sic*), les barons, les gentilshommes et les chevaliers, au nombre de plus de mille, sans compter les ignobles qui étaient sans nombre, se laissèrent persuader qu'il était l'empereur Bauduin ; il régna près de deux mois ; il faisait porter la croix devant soi, comme empereur ; il porta la couronne le jour de la Pentecôte, il créa de nouveaux chevaliers, il mit son scel à de nouvelles lettres-patentes, et partagea des fiefs à plusieurs familles. » — *Alberic. ad ann.* 1225.

Le fameux Guérin, évêque de Senlis, présidait l'enquête.
Ayant demandé aux religieux leurs noms, leur patrie, leur
état, ce qu'ils savaient du comte Bauduin, de sa vie, de sa
mort; leur ayant fait jurer sur l'évangile de dire la vérité,
l'un de ces frères répondit à l'évêque au nom de tous :

— « Seigneur, nous sommes de pauvres pécheurs, d'inutiles
vermisseaux. Toutefois nous sommes chrétiens et nous habitons
ce désert. Nous avons tous les seize traversé la mer avec le
très-illustre prince Bauduin, dont l'âme repose en paix; et
depuis lors nous ne l'avons plus quitté un seul instant jusqu'à
sa mort. Dans toutes les batailles où il combattait de sa personne nous étions présents, et dans la dernière qu'il livra aux
Comans et aux Blactes nous l'avons vu vivant, puis mort. Nous
le jurons tous. Nous demandons en outre à parler en présence
du roi à celui qui se dit être Bauduin. »

Quelques semaines après, sur les instances de Jeanne, le
roi lui-même vint à Péronne. On était alors en l'année 1226;
il y manda les frères mineurs qu'il interrogea longuement sur
tout ce qu'il désirait savoir, puis les confina au couvent de
Péronne pour attendre ses ordres. Entre temps, Louis VIII
enjoignit au prétendu comte Bauduin de venir lui rendre hommage pour la Flandre. Ce dernier ne pouvait se dispenser
d'obéir aux ordres de son suzerain. Il se rendit à Péronne
avec une suite nombreuse de barons. Ce qui importait surtout
c'était de démasquer solennellement l'imposteur, c'était de
dissiper l'odieux soupçon qui pesait sur la comtesse, c'était

enfin d'obtenir satisfaction complète de toute cette gigantesque
escroquerie. On s'y prit fort adroitement. L'ermite fut reçu en
toute honneur et révérence, ni plus ni moins que s'il avait été
l'empereur en personne. Il ne se doutait encore de ce qu'il lui
allait advenir, quand tout-à-coup et devant une imposante et
noble assemblée, l'évêque de Senlis se lève, sur l'ordre du roi,
et adjure le prétendu comte de répondre aux trois questions
suivantes. — On lui demanda successivement en quelle ville il
avait fait jadis hommage du comté de Flandre au roi; en quelle
ville et par qui il avait été fait chevalier; en quelle ville, à
quel jour et dans quelle chambre il avait épousé Marie de
Champagne. Le vieux jongleur ne s'était pas préparé à d'aussi
simples questions : il resta muet et confondu. Alléguant sa
vieillesse et son peu de mémoire il demanda jusqu'au lendemain pour répondre, mais le lendemain on s'aperçut qu'il
s'était échappé durant la nuit, emportant avec lui tout ce qu'il
avait pu réunir de précieux. Quelque temps après il fut pris
au village de Rougemont en Bourgogne. Il y menait joyeuse
vie et dépensait gros, ce qui le fit suspecter de larcin. Mis à
la question par ordre du seigneur du lieu, sire Everard de
Castenay, il confessa être le faux Bauduin. On sut alors aussi
que son nom véritable était Bertrand, natif de Rains, village
à une lieue de Vitri-sur-Marne, [1] fils de Pierre Cordel, vassal
de Clarambaut de Capes : qu'il avait été ménestrel, jongleur,

---

[1] On trouve dans le *Mercure de France* de février 1770, une disser-
tation dont l'auteur essaie de prouver que le faux Bauduin était de la
ville de Reims.

enfin ermite, pour de cette condition revêtir la pourpre impériale.

Remis entre les mains de la comtesse Jeanne, cet audacieux aventurier fut d'abord, pour l'exemple, promené à travers toutes les villes où naguères il passait en triomphateur.

Il confessa partout son crime ; après quoi, ramené et jugé à Lille, il fut étranglé devant les halles. Son cadavre y resta suspendu pendant quelques jours. Puis on le conduisit aux champs pour l'accrocher près de l'abbaye de Loos à un gibet où les oiseaux le mangèrent.

Telle est la péripétie vulgaire d'un événement qui certes ne le fut pas. Le retentissement qu'il produisit en son temps dure encore. Il s'est répercuté d'âge en âge jusques à nous, mais souvent bien modifié, quelquefois même dénaturé tout-à fait par les traditions dont il a dû traverser la longue filière. [1]

---

[1] M. le baron de Saint-Genois, à qui l'on doit un roman historique plein d'intérêt, intitulé le *Faux-Bauduin*, a inséré à la fin de son livre une nomenclature des chroniqueurs et historiens qui ont parlé avec quelques détails de cet imposteur fameux. Nous ne la reproduisons pas ici, mais qu'on nous permette de la compléter par quelques indications qui ont échappé à l'érudit écrivain.

1.° FERRI LOCATI, *Chronicon Belgicum*, 585.

2.° D'OUTREMAN, *Histoire de la ville et comté de Valentiennes*, in-f.°, Douai, 1639, 153.

Rien de curieux et d'original, comme le récit de D'Outreman, dont nous faisons, du reste, le plus grand cas, tant sous le rapport de l'érudition, que sous celui de la véracité historique. Voici comment il termine la narration de cet épisode : « Telle fut la fin de ceste tragédie et de cest imposteur : semblable à celle de tous ceux qui se sont meslés de ce dangereux mestier, que l'on treuvera à foison dans Valère le Grand, Fulgose, et autres. Cependant, le peuple abbreuvé de la première opinion ne la voulut desmordre, et plusieurs tiennent encore très-sottement, que la comtesse Jeanne fit mourir son père. Voire Matthieu Paris a bien osé suivre ceste absurdité et erreur, qu'il ajolive de beaucoup d'autres fables et impertinences très-grossières. »

3.° Delewarde, *Histoire générale du Hainau*, III.

4.° Art de vérifier les dates. *Chronol. des comtes de Flandre*, art. Jeanne.

5.° Raynouard. *Journal des Savants*, novembre 1834.

L'illustre académicien démontre victorieusement que l'empereur Bauduin était mort en Orient, vers 1206.

6.° A. Dinaux. *Trouvères, Jongleurs et Ménestrels du Nord de la Flandre et du Midi de la Belgique*, II, 124.

Nous regrettons que les bornes de cette note ne nous permettent pas de reproduire le curieux article que M. Dinaux consacre à Bertrand de Rains, le jongleur.

7.° Warnkœnig. *Histoire de la Flandre*, I.

8.° *Chronique de Flandre*, manuscrit inédit reposant à la bibliothèque communale de Cambrai, sous le N.° 701, in-f.° papier, écriture du XVI.° siècle. L'histoire du faux Bauduin y est racontée sous ce titre : *Du Pèlerin à la Belle Barbe*.

Enfin, pour ne rien omettre, mentionnons ici un travail tout récent sur Jeanne, inséré dans les *Annales de la Société d'Emulation de Bruges*. Il faut convenir qu'on ne pouvait paraphraser plus longuement et plus passionnément le calomnieux mélodrame de MM. Fontan et V. Herbin, dans lequel la comtesse de Flandre est représentée comme un monstre à face humaine. C'est en vérité trop de frais d'érudition pour aboutir à une conclusion mal fondée, à un paradoxe anti-national.

VII.

*Du traité de Melun, de la délivrance du comte Fernand
et de sa mort.*

Le vainqueur de Bouvines mourut le 14 juillet 1223, emportant au tombeau la satisfaction de ne s'être pas un seul instant écarté de la ligne politique qu'il s'était tracée à l'égard du comte de Flandre : rigueur inexorable, inflexible dureté en vertu de laquelle ce dernier voyait tristement s'étioler sa jeunesse entre les murs du Louvre. Jeanne cependant n'oubliait pas son époux, et quand on voit tout ce qu'elle fit pour le tirer de cette pénible captivité, l'on est bien obligé de reconnaître que le sentiment du devoir seul ne dirigeait pas la bonne et courageuse comtesse. Il y avait au fond de tout cela

7

beaucoup plus d'affection qu'on ne pense et une affection qui faillit même deux fois la faire passer par-dessus les intérêts de ses sujets ; la première, lors du traité de 1214 dont nous avons parlé ci-dessus ; la seconde, dans la circonstance que nous dirons tout-à-l'heure.

Lorsque Philippe-Auguste eut fermé les yeux, Jeanne crut l'occasion belle pour renouveler ses tentatives auprès du successeur de ce prince. Mais Louis VIII avait hérité de l'opiniâtreté de son père. Il conservait d'ailleurs une vieille rancune contre Fernand pour les soucis que jadis, lors des guerres de Flandre, le pétulant portugais lui avait donnés. Il ne voulut d'abord rien entendre. Jeanne mit en œuvre tous les ressorts imaginables pour l'ébranler. Elle fit écrire au roi par le pape, par un grand nombre de cardinaux et d'autres influents personnages. Chacun employait les termes les plus pressants. Honorius alla jusqu'à menacer de lancer l'interdit sur la Flandre et le Hainaut, d'excommunier le comte et la comtesse si Fernand, mis en liberté, tentait de se rebeller encore.

La bulle du pontife à cet égard est un monument curieux de la diplomatie du temps. On y verra aussi une preuve de l'influence civilisatrice qu'exerçait alors la papauté sur les affaires temporelles. Du reste, l'inspiration toute entière de cet acte est due à Jeanne, il est facile de s'en apercevoir aux termes mêmes dans lesquels il est conçu, et aux conditions qu'il renferme.

« Honorius, évêque, serviteur de Dieu, à nos vénérables frères l'archevêque de Reims et l'évêque de Senlis, salut et bénédiction apostolique.

» L'église en général prie presque sans cesse pour les prisonniers et les affligés ; et nous qui présidons à l'église, quoique sans le mériter, nous ne pouvons ne pas compatir aux malheurs de la captivité pour ceux qui les souffrent, et nous devons par là d'autant plus volontiers nous interposer en faveur de leur délivrance, de la manière que nous jugeons la plus salutaire, veillant ainsi aux détenteurs et aux détenus, à ceux qui peuvent délivrer et aux prisonniers. C'est pour cette raison qu'ayant jeté nos regards sur notre très-cher fils en Jésus-Christ, l'illustre Louis, roi des Français, nous lui adressons présentement nos prières, parce que nous chérissons sa personne d'un amour spécial et d'un attachement particulier, désirant sa prospérité selon Dieu et selon les hommes ; nous voulons l'avertir soigneusement de ce qui servira au salut de son ame et à la gloire de la dignité royale, etc. (Ici le pape fait allusion à la volonté qu'aurait eue Philippe-Auguste, père de Louis, de délivrer le comte Fernand). Mais, ajoute-t-il, par la méchanceté du diable, qui s'oppose aux bonnes actions, ledit Philippe, ayant été enlevé de cette vie, la convention ne put s'accomplir et la délivrance du comte a été retardée jusqu'à ce jour. Or, il semble que ce serait une trop grande inhumanité de lui faire souffrir plus long-temps l'horreur de la prison. C'est pourquoi nous prions, admonestons et exhortons ledit roi que, réfléchissant avec

prudence que Dieu promet sa miséricorde aux miséricor-
dieux, reconnaissant que la plus grande et la plus noble vengeance est de ne pas vouloir punir quand on le peut, la
magnanimité consistant à pardonner avec grandeur, il laisse
fléchir son cœur par la clémence et permette que le comte soit
racheté. Ainsi, nous donnons en mandement par les présentes
lettres, lesquelles nous voulons être étendues également à nos
successeurs, que si, par hasard, le comte et la comtesse de
Flandre viennent à agir contre les conventions qu'il vous appa-
raîtra avoir été scellés des sceaux dudit roi, du comte et de la
comtesse, vous et vos successeurs fassiez et promulguiez sentence d'excommunication contre les personnes desdits comte
et comtesse et de leurs adhérents, sans égard à quelque appel
que ce soit. Vous jeterez aussi sentence d'interdit sur leurs
terres et ne permettrez pas qu'elle soit enfreinte jusqu'à ce
qu'il soit amendé par un jugement en la cour du roi. Si vous
ne pouviez tous les deux exécuter ces choses, nous voulons
que l'autre procède à l'exécution.

» Donné à Latran, le X.ᵉ des kalendes de mars, l'an hui-
tième de notre pontificat. (20 février 1224). »

On fit tant et si bien que Louis VIII, obsédé de tous côtés,
consentit enfin à traiter de la délivrance de son prisonnier.
Voici les principales clauses de ce traité passé à Melun le
10 avril 1225.

Le roi s'oblige à faire sortir Fernand de prison, le jour de
Noël 1226, à condition qu'il lui paiera 25,000 livres parisis

avant sa sortie. En outre il devra , ainsi que la comtesse sa femme , remettre entre les mains du roi les villes de Lille , Douai , l'Écluse et leurs appartenances , pour garantie d'un second paiement de même somme. Le roi rendra ces villes quand le comte et la comtesse lui auront soldé en totalité les 50,000 livres, mais il gardera la forteresse de Douai pendant dix ans et une garnison française y sera entretenue, aux frais de la Flandre, à raison de 20 sols parisis par jour. — En vertu de la lettre du pape , le comte et la comtesse, s'ils n'exécutent pas les clauses du traité , seront excommuniés par l'archevêque de Reims et l'évêque de Senlis , quarante jours après sommation, et les terres de Flandre et de Hainaut seront mises en interdit. — Le comte et la comtesse feront jurer sûreté et féauté au roi par les barons , les communes et les villes des deux comtés. — Ils ne pourront faire la guerre au roi ou à ses enfants. — Si quelque chevalier refuse de jurer sûreté au roi, ils le chasseront de sa terre ; si c'est une ville , ils s'empareront de ses biens. — Enfin le comte et la comtesse n'auront pas le droit d'élever de nouvelles forteresses en Flandre en deçà de l'Escaut, sans l'agrément du roi.

Jeanne et Fernand jurèrent tout cela !

Pour la question d'argent, Jeanne eût peut-être été en mesure. Comme nous l'avons vu, elle s'était toujours ingéniée à rassembler de fortes sommes. Depuis 1221 , les opulents monastères, les bonnes villes de Flandre lui en avaient encore donné beaucoup, Gand surtout. D'un autre côté, elle en avait pris à gros intérêts, sans doute, chez les Crespin, d'Arras, les plus riches argentiers de l'époque. Mais la difficulté ne gisait pas là. Lorsqu'on lut aux barons et aux villes les conditions du traité de Melun, ces clauses pour la plupart si impérieuses, si outrageantes à la nationalité flamande, ils n'en voulurent pas entendre davantage et, comme en 1214, ils mirent leur *veto* formel à toute espèce de conventions de cette nature, et ce fut bien heureux.

Du reste, comme nous l'avons dit, pour le Portugais personnellement, ils n'auraient pas donné une maille. S'ils se montraient disposés à faire quelque chose, ce n'était que dans le but de complaire à leur souveraine naturelle ; mais l'intérêt du pays doit passer avant toute considération personnelle, et nous avons le regret de le dire, Jeanne ne nous paraît pas, dans ces deux circonstances, l'avoir assez profondément compris.

Ainsi donc, encore une fois, la comtesse de Flandre allait voir l'occasion lui échapper. Fort heureusement pour Fernand et pour elle, le roi vint à mourir sur ces entrefaites. La reine Blanche, mère et tutrice de Louis IX consentit, au mois de janvier 1226, à modifier le traité de Melun. C'était dignement ouvrir l'un des règnes les plus glorieux de la monarchie française. On se contentait de 25,000 livres, avec quelques garanties. Mais il n'était plus question de garnison française entretenue au cœur même du pays et aux frais des Flamands. Les barons et les villes souscrivirent alors à ce traité, qui ne put toutefois recevoir son exécution, qu'après que le jeune roi eut été sacré. Jeanne fut si heureuse de voir enfin arriver l'heure de la délivrance du comte, qu'elle ne craignit pas de faire jurer aux Gantois de se lever contre elle en faveur du roi de France, si elle ou son mari venaient à violer la convention.

Fernand sortit donc de prison le 6 janvier 1226, après une captivité de douze ans, cinq mois et quelques jours. Le malheureux prince avait bien expié les étourderies de sa jeunesse. Eprouvée par cette grande infortune, l'âme de Fernand sembla s'être retrempée. Son esprit avait acquis de la gravité dans cette solitude où, pour toute compagnie, le comte de Flandre n'obtenait de son vainqueur sans pitié qu'un de ce franciscains austères dont nous avons parlé plus haut. Pendant le peu d'années qu'il eut encore à vivre, Fernand se conduisit dans le gouvernement de ses états avec sagesse et prudence, et ne compromit plus, il faut le dire, ni le bonheur de ses sujets, ni celui de sa femme. Jamais il ne se départit du serment de fidélité qu'il avait juré au roi, et se montra toujours plein de reconnaissance pour lui et sa mère, la reine Blanche, laquelle avait si puissamment contribué à hâter le moment de sa délivrance.

> La contesse Jehane iert là
> De Flandres, ki l'aséura,
> Et apriès Ernous d'Audenarde,
> Et mesire Rasses de Gavre
> Qui portèrent et mars et livres
> Dont Ferrans diut estre délivres;
> *Mais li consaus les fist atendre*
> *Tant que l'enfes peust sacre prendre.*
>
> Ph. Mouskis, v. 27495.

On sait que, dans les cérémonies du sacre des rois de France, le comte de Flandre remplissait les fonctions de connétable et portait l'épée de Charlemagne devant le monarque. Lors du couronnement de Saint-Louis, Fernand était encore en prison. La comtesse sa femme, jalouse de maintenir une si glorieuse prérogative, disputa l'honneur de porter l'épée à la comtesse de Champagne qui, elle aussi, avait la prétention de faire office de connétable pendant l'absence de son mari, en vertu de je ne sais quel antécédent. L'affaire fut déférée à la cour des pairs. Du consentement de Jeanne, les pairs décidèrent que ce serait Philippe de Clermont, comte de Boulogne, qui tiendrait l'épée, mais que cette exception ne porterait pour l'avenir aucun préjudice au droit des comtes de Flandre.

Ce même Philippe de Clermont, l'année qui suivit celle du sacre, c'est-à-dire en 1227, se ligua avec Pierre de Dreux, comte de Bretagne et plusieurs grands vassaux, contre la reine Blanche, régente de France, pendant la minorité de Louis IX. C'était la première occasion qui s'offrait à Fernand de prouver son dévoûment à la mère et au fils. Il la saisit avec empressement. A peine Philippe de Clermont eut-il rejoint les confédérés, que Fernand fit irruption sur le Boulonnais, et força le comte à accourir défendre ses propres états. Plus tard, Fernand prit encore part à l'expédition dirigée contre Pierre de Dreux, le plus redoutable de ces grands vassaux révoltés, qui, sous la minorité du roi de France, donnèrent tant de sujets de crainte à Blanche de Castille. C'est dans cette circonstance que s'éleva entre le comte de Flandre et le comte de Champagne une dispute sur la question de savoir qui des deux avait droit de commander l'arrière-garde ou l'avant-garde des troupes du roi. Ils eurent l'un et l'autre gain de cause, c'est-à-dire qu'il fut décidé d'un commun accord que chacun serait à tour de rôle tantôt à la tête, tantôt à la queue de l'armée. [1]

Fernand fit encore la guerre au comte de Namur, Henri de Vianden, en 1227. Cette guerre eut pour cause les prétentions que Fernand se crut en droit d'élever sur le Namurois, du chef de sa femme. Il s'empara de Golzinne et de Floreffe qui soutint quarante jours de siége. Mais l'affaire s'arrangea par la suite. Henri conserva le comté de Namur, et Fernand eut pour lui Golzinne et Vieuxville. [2]

Tout le fardeau des grands et sérieux événements avait pesé sur Jeanne durant la captivité de son mari, et l'on sait comment elle en supporta le poids. Lorsque Fernand sortit de prison, la Flandre jouissait de tous les bienfaits du calme et de la paix. A part les guerres de peu d'importance qu'il dut soutenir, et dont il se tira avec honneur et profit, le comte de Flandre n'eut plus qu'à consolider avec sa femme l'œuvre que celle-ci avait si dignement commencée. Ils y travaillèrent tous deux avec un noble zèle. Sans parler ici des fondations

[1] V. aux *Pièces justificatives*, an. 1250.

[2] V. MEYER, ann. 1227 et 1254. — Nous donnons le traité aux *Pièces justificatives*, ann. 1229-1252.

charitables ou pieuses faites avec autant de libéralité que de
sagesse, des actes diplomatiques consommés avec beaucoup
de prudence, nous devons mentionner le développement que,
dans l'intérêt des classes populaires, ils s'efforcèrent de donner aux institutions politiques, en Flandre surtout, car en
Hainaut le comte Bauduin y avait pourvu avant de partir pour
la croisade.

L'extension, l'organisation du pouvoir municipal, ce contre-
poids si nécessaire des envahissemens féodaux, paraît encore
ici avoir été le but de leurs efforts, efforts qu'on voit, du reste,
se renouveler pendant le règne de Jeanne à chaque intervalle
de tranquillité publique. Dans la seule année 1228, le comte
et la comtesse reconstituèrent le corps échevinal dans quatre
des principales villes de Flandre ; Gand, Ypres, Bruges et
Douai. Le système électif le plus libéral et le plus judicieux
forme la base de ce nouvel échevinage qui consacre et fixe
pour la première fois, d'une manière bien stable, les droits de
la bourgeoisie.

Voici, pour exemple, les dispositions fondamentales du
corps politique connu dans l'histoire sous le nom fameux des
trente-neuf de Gand.

L'élection des échevins de la ville de Gand se fera chaque
année, le jour de l'Assomption de la Vierge, de la façon suivante:

Les échevins actuels (de l'année 1228) éliront, après serment prêté, cinq échevins ou bourgeois de Gand, qu'ils croi-

ront les meilleurs. Si dans l'élection , il survenait quelque difficulté , celui qui aura le plus de voix sera nommé.

Il ne pourra y avoir parmi ces cinq échevins de parents au
troisième degré , selon le comput canonique.

Ces cinq élus feront serment d'élire à leur tour trente-quatre
autres échevins ou bourgeois qu'ils croiront les plus capables ,
ce qui formera le nombre de trente-neuf.

En cas de contestation , celui qui obtiendra le plus de voix
aura toujours la préférence ; mais le père et le fils ou deux
frères ne pourront se trouver ensemble.

Ces trente-neuf échevins se diviseront en trois treizaines.
La première formera l'échevinage proprement dit ; la seconde,
le conseil ; la troisième restera sans fonctions.

La treizaine qui aura rempli l'échevinage pendant une
année sera remplacée par la seconde, celle-ci par la troisième,
et ainsi alternativement à perpétuité.

S'il arrive quelque vacance , soit par mort ou par retraite ,
les échevins alors en place en éliront un autre , se conformant
aux mêmes formalités et exceptions.

Les échevins prêteront serment entre les mains du bailli de
Gand ou de celui qu'il aura légitimement préposé ; en cas
d'absence , entre les mains des échevins sortants. [1]

---

[1] Le diplôme, conservé aux archives de la Chambre des comptes
à Lille , a été imprimé plusieurs fois.

Le comte Fernand eut sans doute , en 1230, le pressentiment d'une fin prochaine , car au mois de mars de cette même année , il fit son testament. Entr'autres dispositions , on y remarque celle-ci : « Mes joyaux et tout ce qui appartient à
» mon écurie, à ma table , à ma cuisine, à ma chambre seront mis à la disposition de mes exécuteurs testamentaires
» pour être vendus , à l'exception toutefois de ce qui aura été
» réservé par moi ; le prix sera employé aux frais d'exécution
» du testament et le surplus de l'argent être *abandonné aux*
» *pauvres.* »

Le 27 juillet 1233, comme il se trouvait à Noyon, il succomba aux progrès de la gravelle , maladie cruelle dont il avait contracté le germe durant sa longue captivité. Son cœur et ses entrailles furent ensevelis dans la cathédrale de cette dernière ville. Plus tard , son corps fut, par les ordres de sa femme , rapporté en Flandre et inhumé en grand honneur au couvent de Marquette, que Jeanne avait fondé près de Lille , et où elle avait résolu de reposer elle-même à la fin de ses jours, à côté de l'époux dont elle avait été si long-temps séparée sur la terre. [1]

[1] Voici ce que dit Gouselaire dans son histoire inédite de l'Abbaye de Marquette , au sujet de la fondation de ce monastère devenu célèbre par la sépulture de Jeanne et de Fernand.

« Tant de si grandes affaires que Madame la comtesse Jeanne de Flandres eut sur les bras durant l'emprisonnement du comte Ferdinand son mary , ne luy firent pas oublier la principale et la plus importante, qui estoit celle de son salut. Elle y travailla soigneusement par la pratique de toute sorte de vertus qui pourroient fournir une très-belle et très-ample matière d'un excellent panégyrique ; mais nous ne parlerons icy que de la fondation de l'Abbaye de Marquette , quoy qu'elle en ait fait beaucoup d'autres. Il est certain qu'elle en forma le dessein et en prit la résolution pendant que le comte Ferdinand, son mary, estoit encore dans la tour du Louvre à Paris, et qu'elle eut à diverses fois conféré avec luy par lettres ou autrement, puisqu'il n'a été mis en liberté qu'en l'an 1227, et que ce monastère à esté fondé au plus tard en l'an 1226, au mois d'octobre, ainsi que nôtre manuscript le marque expressement. Je dis au plus tard, parce qu'il paraît d'avoir esté commencé avant cette année-là. On ne doute pas que les premiers fondemens n'ayent esté jettez en deçà le pont et la rivière de la Marque, à gauche du pavé qui mène de Lille à Menin, dans un lieu que l'on nomme encore aujourd'hui la *Vielle Court*, où le couvent demeura deux ans et demy. Il ne pouvoit pas y demeurer qu'il n'y eut des édifices; que l'on ne bastit pas en si peu de temps. Car en l'an 1227, le comte Ferdinand revenu de sa longue prison, et Madame la comtesse Jenne sa femme, considérant que cet endroit-là estoit trop voisin d'un grand passage, qui ne convient point à la vie solitaire des religieuses qu'ils avoient dessein d'y mettre et qu'il pourroit y avoir courteresse d'eaues, quand il arrive que la Marque est trop basse; trouvèrent à propos de transporter l'Abbaye au lieu où elle est aujourd'hay. C'estoit une métairie appartenant à l'Abbaye de Los, nommée anciennement la *Cour de Marquette*, etc. Les fondateurs firent incessament travailler à la construction du nouveau monastère, pendant que la communauté demeuroit en la *Vielle Court*, où elle fut environ deux ans et demy. Suivant quoy elle vint habiter ce nouveau cloistre fondé à l'honneur de la glorieuse vierge Marie, soubs le nom de Raros de Notre-Dame. »

Un peu plus loin, Gouselaire donne les détails suivants sur la mort du comte Fernand et sur sa sépulture à l'Abbaye de Marquette.

« Peu de temps après, sçavoir en l'an 1233, le 27 juillet, le comte Ferdinand, qui n'avoit eu guères de santé depuis son emprisonnement, mourut dans la ville de Noyon, en Picardie, où son cœur et ses entrailles furent enterrez, et son corps rapporté en ce monastère. On lui mit un épitaphe à Noyou tel qui s'ensuit:

FERNANDI PROAVOS HISPANIA, FLANDRIA CORPUS;
COR CUM VISCERIBUS CONTINET ISTE LOCUS.

« La comtesse Jenne fut tant plus sensiblement touchée de la mort de son illustre époux, que moins elle en avoit jouy pendant son mariage. Elle fit enterrer honorablement son corps dans cette église, presqu'au milieu du chœur des religieuses, souz un tombeau de marbre bien élevé, que l'on voit encore aujourd'hay et sur lequel il y a eu long-temps le même épitaphe que cy-dessus, qui pourtant estoit gravé en caractères modernes. Et d'autant qu'il donnoit à connoître contre la vérité, que le cœur et les entrailles de ce prince qui sont restez et enterrez à Noyon où il est mort, estoient dans le tombeau qui

est à Marquette, et que son corps, qui est icy estoit inhumé dans
quelqu'autre lieu de la Flandre, ce qui n'est pas vray, nous avons
changé le susdit épitaphe, en la place daquel nous avons fait mettre
le suivant qui ne dit rien que de vray. »

FERNARDI PROAVOS LUSITANIA, GALLIA SERVAT
VISCERA, QUOD SUPEREST CORPORIS, ISTE LOCUS.
ETHRA PIOS SERVET CARA CUM CONJUGE MANES.
ET SIMUL ÆTERNO LUCE FRUANTUR AMEN.

*Histoire de l'Abbaye de Notre-Dame du Repos à Marquette, par F.
Michel Gouselaire, religieux de l'Abbaye de Los, syndic général de l'ordre de Cisteaux dans le Pays-Bas français, directeur de ladite Abbaye de
Marquette, dédiée à Madame de Humières, très-digne abbesse, et à toutes
les dames religieuses dudit lieu, en l'an 1695. — Manuscrit inédit de la
Bibliothèque de Lille, côté B F. 23, in-I.*, papier, de 346 pages,
plus, une table très-détaillée des personnes dont il est fait mention
dans l'ouvrage.*

VIII.

Comment Jeanne employa le temps de son veuvage.

Jeanne savait que la guerre, même la plus juste, est toujours pour les peuples un grand malheur. Aussi évita-t-elle
avec soin, durant son règne, les occasions qui, pour tout souverain moins habile ou moins prudent qu'elle, se fussent plus
d'une fois présentées de risquer la fortune de la patrie au feu
des batailles. Bouvines avait été pour Jeanne d'un haut ensei-
gnement.

Au reste, les lointaines expéditions de la Palestine, les croisades sanglantes contre les Albigeois, ne laissaient pas refroidir l'ardeur guerrière des hommes d'armes de Flandre et de Hainaut. Cette ardeur, au besoin, trouvait aussi son aliment, au sein même du pays, dans les querelles privées de seigneur à seigneur, ou bien dans les passes d'armes, les combats à outrance devant les dames.

Il fallait que la comtesse de Flandre, plus civilisée en cela que son époque, on peut le dire, fût contrainte par une impérieuse nécessité pour faire endosser les armures à ses chevaliers. Mais alors elle ne reculait plus ; et la femme qui, au sacre du roi St. Louis, aurait volontiers arraché l'épée de France des mains qui la portèrent, la femme qui se serait volontiers mesurée la lance en arrêt avec le châtelain rebelle de Bruges, n'aurait certes pas failli de courage devant l'ennemi, comme elle n'en faillit jamais devant l'infortune.

L'année même de la mort du comte Fernand, le pape Grégoire IX fit prêcher une croisade contre une sorte d'hérétiques que l'exemple et l'influence des Albigeois avait fait sourdre comme par enchantement aux environs de la ville de Staden en Allemagne. Les *Stadinghen*, comme on les appelait, du nom de la cité où ils prirent naissance, devenaient d'autant plus à craindre que le peuple commençait à être rempli pour eux d'une sainte admiration, d'une pieuse terreur, en raison du stoïcisme qu'ils manifestaient en présence de la mort. On racontait qu'ils adoraient le diable sous la forme d'un chat, qu'ils ne poussaient aucun cri quand on les tuait, et qu'on ne voyait aucune goutte de sang sortir de leur corps. On disait bien d'autres choses encore.[1] Dans ce temps de fanatique superstition, le prosélytisme allait grand train. On se hâta d'y mettre ordre.

A la voix du pontife, Florent, comte de Hollande, le duc de Clèves et Henri, duc de Brabant, prirent les armes contre les hérétiques qui déjà s'étaient livrés à de graves excès. La comtesse de Flandre avait été sommée de se joindre à la croisade. Elle y envoya l'avoué de Béthune et Guillaume, son frère, Arnould d'Audenarde, messire Rasse de Gavre, Arnould, sire de Materne, son frère, messire Thierri de Beveren, châtelain de Dixmude, messire Guillebert de Sotteghem et plusieurs autres. Tous ces chevaliers se couvrirent de gloire. Philippe Mouskes rapporte qu'Arnould d'Audenarde, ne pouvant faire charger contre les Stadinghen son cheval bardé de fer, les aborda à reculons, et que s'abattant au milieu d'eux

[1] Ensi furent communalment
A l'anemi obéisant.
Ausi li petit com li grant.
Par nuit ensanble conviersoient
En l celier, et là siervoient
L'anemi en wise de kat,
Par vilain plait et par barat.
Lor venoient et dont le baisoient
Enmi le cul, et puis aloient
Tot ensanble communalment
Homes et femes laidement;
N'i avoit serour ni couzine
C'on espargnast à cel tiermine.

PH. MOUSKES, 28208.

8

il en occit un grand nombre. Déroutés, traqués comme des bêtes fauves, à travers les marais et les bois, ils périrent presque tous.

Des historiens ont dit , d'autres après eux ont répété que Jeanne n'avait jamais eu d'enfants. C'est une erreur. De son union avec Fernand , mais seulement lorsque ce prince fut délivré de prison, naquit une fille qui eut nom Marie, sans doute en souvenance de sa grand'mère Marie de Champagne , la digne épouse de l'empereur Baudouin. ¹ Cette enfant , héritière de Flandre et de Hainaut , avait même été promise en mariage à Robert 1.ᵉʳ, comte d'Artois , frère de Saint-Louis. Mais elle mourut trop jeune, le jour de saint Étienne, en août 1234, n'ayant guère survécu à son père que d'un an.

Pleurant tout à la fois son mari et une fille sur laquelle se devaient concentrer de bien belles espérances , la comtesse Jeanne n'en bénissait pas moins cette main rigoureuse de la Providence qui , si souvent, s'était appesantie sur elle.

Une résignation pleine de douceur et de piété préside aux actes qui signalèrent le temps de son veuvage. Ses premiers soins, après le trépas du comte Fernand, furent d'exécuter religieusement les volontés dernières de ce prince. Mais elle ne s'en tint pas là. Dans la seule année 1233 , elle répandit tant de bienfaits sur les pauvres , les hôpitaux , les maisons religieuses , qu'il est aisé de reconnaître là les effets d'une pro-

¹ Quelques-uns, entr'autres d'Outreman , disent qu'elle s'appelait Jeanne.

fonde sollicitude pour la mémoire de Fernand. L'amour de Jeanne suivait au-delà même du tombeau cet époux qui pourtant avait été pour elle , durant sa vie , la source de si amers chagrins. L'expression de cet amour se retrouve à chaque instant dans les actes nombreux que renferment nos archives ; et quant aux preuves des pieuses libéralités dont nous parlons, il faut aller les demander, car, sans doute , elles y sont encore vivantes, aux hôpitaux d'Ypres, d'Audenarde , de St.-Jean à Bruges , de Notre-Dame à Gand , de Saint-Sauveur à Lille, de Saint-Antoine à Paris , à la Maladrerie de Lille dite de Canteleu ; aux abbayes de Saint-Aubert à Cambrai, de Marquette, à l'église Notre-Dame de Boulogne , à l'église des Frères-Mineurs de Valenciennes , ces vieux compagnons de guerre de l'empereur Bauduin. C'est ainsi que les afflictions de la comtesse de Flandre se traduisaient en consolations pour ceux qui souffrent sur cette terre. Jeanne allégeait de la sorte le compte sévère que doivent rendre un jour les princes auxquels sont confiées les destinées des peuples.

Écoutons le bon cordelier Jacques de Guyse, que nous aimons tant à laisser parler, raconter lui-même la visite que Jeanne fit aux glorieux mendiants du couvent de Valenciennes. — « Pendant qu'on s'occupait des dispositions dont j'ai parlé , c'est-à-dire , à poser le pont et à faire le mur d'enceinte du donjon , et avant qu'on eût commencé la construction de l'église et du couvent, Madame la comtesse Jeanne arriva tout-à-coup à Valenciennes , et entre autres choses, alla humblement visiter en personne les frères-mineurs demeurant hors de la ville. Admirant la manière de vivre, les mœurs, les discours et les exemples de ces religieux, touchée de cette pauvreté heureuse, de cette obéissance facile, de cette continence exemplaire, de ces austérités, touchée de cette vie pleine de sainteté qui se cachait derrière les rigueurs d'une si grande pénitence, elle éprouvait un véritable soulagement d'esprit à se trouver au milieu d'eux. Elle écouta très-dévotement la brève allocution qu'un frère lui adressa sur le mépris du monde, sur les vertus et les vices, sur les punitions et les récompenses : puis, l'âme émue, elle dit adieu aux religieux en versant des larmes, et retourna en son palais.

Satisfaite plus qu'on ne saurait dire des frères-mineurs, édifiée de leurs vertus, elle voulut, avant de quitter Valenciennes, poser les fondemens de douze colonnes destinées à soutenir leur nouvelle église, en l'honneur de la nouvelle Jérusalem et de ses douze apôtres dont ces frères imitaient la sainteté. En effet, le lendemain de sa visite, elle revint en personne au donjon en grand cortége de seigneurs et de dames, suivie d'un immense concours de bourgeois et de menu peuple ; et là, solennellement, en présence de tout ce monde, elle assit, posa et fixa de ses propres mains la première pierre de l'église en l'honneur de la très-sainte et indivisible Trinité, de la sainte croix, de tous les saints et saintes de Dieu. Elle recommanda le seigneur Bauduin, son père, le seigneur Fernand, ses prédécesseurs, ses successeurs, et elle-même, à Dieu et aux prières de l'ordre des frères-mineurs, et répandant d'abondantes larmes, elle promit aux

frères de faire beaucoup et de grandes choses pour la gloire
de Dieu, la prospérité et l'élévation de l'ordre. La cérémonie
achevée, elle fit ses adieux à tous et chacun, et se dirigea
aussitôt vers Gand, où la même année elle fonda également
un couvent de frères-mineurs, sur la Lys, dans la paroisse
Saint-Nicolas, près de la porte nommée *Cacabi*. »

Ces œuvres pies n'empêchaient pas Jeanne de se préoc-
cuper toujours des intérêts politiques de ses sujets, de travailler à leur bien-être matériel et moral. Bientôt nous la
verrons, marchant d'un pas plus ferme vers ce but, qu'elle
s'efforçait néanmoins d'atteindre sans cesse, mettre à profit
les derniers temps de sa vie à réformer d'une manière plus
complète et plus générale la constitution du pays. Elle eut
fait beaucoup plus à cette époque, sans les fléaux qui vinrent
frapper son peuple en 1234.

Le 1.ᵉʳ jour de janvier, il gela si fort, que les blés furent
glacés. La disette de grains amena une horrible famine. Les
hommes broutèrent de l'herbe par les champs, comme les bêtes;
enfin, pour surcroît de malheur, la peste décima de nouveau
la Flandre et le Hainaut, et se répandit même en France. [1]

L'éducation de la jeunesse, dont le gouvernement civil paraît s'être peu occupé en Flandre avant le xvᵉ siècle, fut aussi
l'objet de ses soins, à en juger par un décret qu'en 1234 elle
donna en faveur des écoles de Sainte Pharaïlde à Gand.

[1] *Chron. Massæi*, lib. 17.

Dans cette même année, des différends s'étant élevés entre les enfants de Bouchard d'Avesnes, et ceux que, du vivant de ce dernier, Marguerite avait eus de Guillaume de Dampierre, Jeanne met l'accord entre cette famille en déterminant les droits de chacun, en attribuant aux uns et aux autres les parts qui leur devaient revenir de leurs parents respectifs. Elle avait cherché par là à prévenir ces dissensions funestes qui plus tard se réveillèrent si malheureusement.

En 1235, la comtesse Jeanne donne à la ville de Lille une nouvelle loi échevinale et permet à ses habitants d'ériger une halle ; ce qui ne contribua pas peu à développer parmi eux l'instinct des transactions industrielles et commerciales, germe si fécond de leur prospérité future.

Enfin, l'année suivante, au sein de cette même cité pour laquelle elle avait déjà tant fait, elle fonde et dote de grands biens un hospice appelé encore de nos jours *l'Hôpital-Comtesse*. Le portrait de la fondatrice est là qui rappellerait à chacun, si on pouvait jamais l'oublier, que depuis six cents ans les pauvres infirmes de Lille doivent à la comtesse Jeanne un asile, du pain et des consolations pour le reste de leurs jours.

IX.

De la cour des comtes de Flandre.

En même temps, la comtesse, dont la vigilance et les soins ne se ralentissaient pas un seul instant, s'occupait du réglement des affaires intérieures de sa maison, fixait d'une façon plus régulière les charges et prérogatives de quelques grands officiers, tels que le chancelier héréditaire de Flandre et le bouteiller de Hainaut.

Et à ce propos, disons en peu de mots ce qu'était alors la la cour des comtes de Flandre. Nous pensons que cette petite digression ne sera pas considérée comme hors-d'œuvre, et nous l'avons jugée nécessaire pour compléter la physionomie d'une époque dont la comtesse Jeanne peut être regardée comme la personnification.

L'hérédité forme toujours, on le sait, la base du système féodal ; aussi voyons-nous ici comme partout ailleurs, les offices de cour se transmettre héréditairement, depuis les plus illustres, jusqu'aux plus infimes. Le charpentier en l'hôtel du comte laisse sa charge à son fils, ni plus ni moins que le connétable.

Les souverains de la Flandre ne reconnaissaient guères au-dessus d'eux en puissance et en splendeur, que le roi de France leur suzerain, et il leur est souvent arrivé de se dresser à sa taille. Quoiqu'il en soit, leur cour se modelait sur la sienne. Dès le treizième siècle, elle était fort bien pourvue d'officiers, grands et petits.

Voici la nomenclature rapide des uns et des autres, avec un aperçu de leurs droits et prérogatives.

En premier lieu vient le chancelier de Flandre. Cette charge est héréditaire dans la personne du prévôt de Saint-Donat de Bruges, depuis l'année 1089. Il garde le sceau du comte, le porte toujours avec lui, et suit son souverain partout où il lui plaît d'aller. Les attributions du chancelier sont fort étendues et lui rapportent beaucoup. Quant à ses *droitures* ou émoluments ordinaires, ils se composent, par jour, de vingt coupons de chandelles, un *tortin* de cire d'une longueur déterminée, deux pots de vin du meilleur, deux autres pots de moindre qualité et douze sols de gage.

Après le chancelier, on voit le sénéchal ou dépensier. Ses fonctions sont à peu près identiques à celles que remplissaient le maréchal du palais ou le ministre de la maison du roi en la cour de France, quand il y avait une cour. Le sénéchal a droit à vingt coupons de chandelles, un *tortin* de cire, quatre pots de vin du meilleur, douze sols de gage, vingt-quatre aunes de drap à Noël, autant à la Pentecôte, deux fourrures de gros vair et une fourrure de manteau. Il tient à ses ordres un sous-sénéchal, lequel reçoit trois sols de gage, l'avoine pour cinq chevaux, etc. Le fief de sénéchal était héréditaire dans la maison des sires de Wavrin, celui de sous-sénéchal dans celle des seigneurs de Morselede.

Vient ensuite le connétable, dont les gages sont à-peu-près semblables à ceux du sénéchal, mais un peu moindres. Sous Jeanne, l'office de connétable appartenait à ce Michel de Harnes qui vendit à la comtesse la châtellenie de Cassel, et qui, tout officier qu'il était en la cour de Flandre, se battait à Bouvines dans l'armée du roi. L'hérédité le sauve-gardait: en 1227, il était encore connétable de Flandre.

Après le connétable, paraît le bouteiller ou échanson, aux mêmes émoluments que le sénéchal. Cet office appartenait à la famille de Gavre. Outre le grand bouteiller, il y avait encore en l'hôtel du comte, deux bouteillers héréditaires pour le service ordinaire. Ils recevaient huit deniers de gage, l'avoine

pour deux chevaux, et quand ils se trouvaient avec le seigneur, ils avaient en outre pour eux, les vieux tonneaux, y
compris la lie qu'ils renfermaient.

Suit le chambellan. C'est une charge héréditaire de la maison de Ghistelles. Le chambellan ou chambrier doit se trouver
à la cour du comte à Noël et à la Pentecôte, et chaque fois que
son souverain le mande. Pour remplir son office, il est accompagné de deux chevaliers parés de cottes et de manteaux.
C'est lui qui présente à laver au comte dans un bassin d'argent.
Pendant qu'il est en cour, il a les mêmes gages que le sénéchal.

Enfin, au nombre des grands officiers héréditaires, il y a
encore deux maréchaux, à savoir : les seigneurs de Bailleul et
de la Vichte, et un pannetier ou dépensier de la maison de
Bellenghien. C'est de ce dernier que Jeanne détermina les
prérogatives en 1234. On remarque entr'autres droits à lui
conférés, le son de la farine consommée dans l'hôtel et les
vielles nappes hors de service.

Parmi les officiers héréditaires subalternes, on distingue
les huissiers, le *bankeman* ou chef des cuisines, le saucier,
le charpentier, le lavandier qui lave les nappes et les draps
de la chambre du comte, livre la laine dans les voyages, et
qui, pour ce fief, doit au comte, tous les ans à la Saint-Jean,
un *touret* d'épervier en argent, et un *touret* d'autour en fer,
le litier, le lardier qui fournit à l'hôtel tourbes, anguilles,
poules, sel, œufs et poissons, le brise-celliers qui enfonce les

portes des caves quand besoin est, l'écuellier qui livre les écuelles au comte. Ces six derniers offices sont héréditaires dans les maisons de Bruges et de Male.

Enfin, on trouve encore un officier chargé d'approvisionner l'hôtel trois fois par semaine, de crême et de beurre, et qui pour ce fait a droit de manger en cour chaque fois qu'il y vient.

Telle était à-peu-près organisée la cour des comtes de Flandre au temps de Jeanne. Il y existait bien encore plusieurs coutumes qu'il serait trop long d'énumérer, et dont la moins singulière n'était pas celle qui forçait le sire d'Hazebrouck, chaque fois qu'il sortait de sa châtellenie et venait à Bruges ou à Male, à donner au souverain un entremet de poissons d'eau douce, d'une valeur de 40 sols. Mais en voici autant qu'il en faut sur ce sujet. [1] Revenons à la comtesse Jeanne.

[1] Tous les détails ci-dessus sont puisés dans le *Cartulaire oblong* reposant aux Archives générales à Lille.

X.

La comtesse Jeanne épouse Thomas de Savoie. Ce qui se passa durant cette union. Elle fait son testament. Sa mort.

Les Flamands et les Haynuiers étaient chagrinés de voir que leur souveraine n'avait pas d'enfants. On savait bien qu'il y aurait toujours là quelqu'un pour lui succéder en cas de mort, les princes n'ont jamais manqué d'héritiers : mais j'ignore si en ce temps-là on n'éprouvait pas beaucoup de sympathie pour Marguerite-la-Noire, comme on l'appelait alors, si on n'avait pas une bien grande confiance en la sagesse de cette femme qui plus tard cependant fit tant de belles et bonnes choses ; toujours est-il que les barons et les communes des deux comtés désiraient vivement que Jeanne se remariât, et que surtout ce nouveau mariage ne fût pas stérile.

Marguerite de Provence, la jeune épouse du roi Saint-Louis, avait quinze oncles et tantes dans la seule maison de Savoie. Elle jeta les yeux sur un prince de cette nombreuse et patriarchale famille pour en faire l'époux de Jeanne de Constantinople. Il s'appelait Thomas, comme son père Thomas 1.er, comte de Savoie. C'était un homme de 37 ans, d'une belle prestance, · et, à défaut d'une grande fortune, rempli de solides qualités d'esprit et de cœur. Dès son jeune âge, il s'était livré à l'étude des lettres, car on le destinait à l'église. Cinq de ses frères étaient déjà dans les ordres. Lui-même, paraît-il, avait inutilement prétendu à l'évêché de Lausanne et à l'archevêché de Lyon. Quoiqu'il en soit, ce prince offrait toutes sortes de garanties de sagesse et d'expérience. On le regardait comme un brave chevalier, digne d'unir sa destinée à celle d'une femme que tant de malheurs et de vertus plaçaient bien haut dans l'estime de ses contemporains.

> « Bians fu de membres et de cors,
> Mais en la fin, c'est mes recors
> Qui bien en vialt dire le voir,
> Gentius om à petit d'avoir
> . . . .
> Assés estoit séurs et fers
> Et si ot lonc tans estet clers ;
> Cière et hardie com lions.

Ph. M. v. 29442.

Le mariage se fit en octobre 1236 , à la satisfaction de chacun , sous les auspices du roi et de la reine de France qui aimaient singulièrement leur cousine de Flandre. C'est ainsi que Jeanne devint, par alliance, la tante de Saint-Louis.

A l'occasion de cet union , Marguerite , sœur de la comtesse et son héritière présomptive , consentit qu'une pension viagère de six mille livres monnaie d'Artois , à percevoir sur les domaines de Flandre et sur le tonlieu de Mons , fût attribuée au comte pour le cas où Jeanne mourrait sans progéniture et avant son mari. C'était là un revenu convenable : il équivaudrait aujourd'hui à 500,000 francs environ. Plus tard lorsque Marguerite eut succédé à sa sœur , elle racheta cette rente moyennant 60,000 livres.

Au mois de décembre 1237 , Thomas et Jeanne allèrent à Compiègne pour rendre hommage au roi Louis IX. Là , s'éleva une difficulté. Le roi prétendit que le comte devait jurer d'observer le traité de Melun , avant de faire hommage de la Flandre. Le comte disait, au contraire, et il avait raison, qu'il ne devait et ne pouvait rien promettre avant d'avoir , au préalable , satisfait à l'observance d'une formalité essentielle de la constitution féodale ; que tant qu'il n'était reconnu pour comte de Flandre, il ne pouvait , à l'égard du roi , s'engager en cette qualité. Ce différend fut remis à l'arbitrage de trois pairs du royaume, Anselme, évêque de Laon, Robert, évêque de Langres , et Nicolas, évêque de Noyon , qui statuèrent en faveur du comte. Il est à remarquer qu'en prêtant foi et hommage, Thomas et Jeanne donnèrent au roi les sûretés exhorbitantes réclamées par le traité primitif de Melun, du mois d'avril 1225, tout en jurant de ne jamais revenir sur ce qui s'est passé antérieurement à la paix de 1226. Mais tout cela n'était plus que de forme et ne tirait pas aux mêmes conséquences qu'en 1225, où il y avait un comte de Flandre à faire sortir de prison et une somme de 50 mille livres à payer au roi. Ce que Louis IX voulait, c'était déterminer les limites de son autorité, comme suzerain, à l'égard des comtes de Flandre, et surtout prévenir les envahissemens du vassal le plus puissant et le plus à craindre qu'allait bientôt avoir la couronne de France. Saint-Louis, comme ses prédécesseurs, en avait eu le pressentiment.

Thomas de Savoie venait à peine d'être reconnu par les barons et les communes de Flandre et de Hainaut, en qualité de souverain des deux comtés, ou pour mieux dire, de bail et mainbour, lorsque l'occasion se présenta pour lui d'appeler aux armes les hommes de guerre de sa nouvelle patrie. Guillaume de Savoie, son frère, était en ce moment-là en butte aux agressions violentes de Waleran, duc de Limbourg. Thomas s'avança pour porter secours au prélat, mais Waleran n'attendit pas que le comte de Flandre fût arrivé pour faire sa paix, et la chose en resta là.

Il n'y eut pas d'autres expéditions guerrières en Flandre jusqu'en 1242. La paix y régna, sans être troublée par aucune espèce d'événemens fâcheux. Cette période de six ans de

calme non interrompu permit à Jeanne et à son mari de
s'occuper efficacement des réformes politiques que récla-
maient la constitution du pays et les progrès de la liberté.

Ce n'est pas ici le lieu d'entrer dans des considérations
étendues sur les résultats moraux, intellectuels et politiques
de l'affranchissement des communes. * Il nous doit suffire
de signaler les actes importans qui furent comme le couronnement de l'œuvre entreprise par Jeanne, de constituer le
tiers-état, de régulariser son action, de le faire enfin partici-
per d'une manière sérieuse au gouvernement du pays.

Nous avons déjà dit que le Hainaut devait à Baudouin IX,
père de la comtesse, des lois générales dont il fit jurer l'observance par les nobles du pays, lois qui peuvent être regardées
comme la base du droit public, civil et criminel de ce pays.
Jeanne n'eut donc pas à refaire pour le Hainaut ce qui était
déjà fait. Aussi ne s'occupa-t-elle que des villes flamandes
qui, du reste, sous tous les rapports, étaient aussi les plus
importantes. Comme on l'a vu plus haut, Gand, Bruges,
Ypres, Lille, Douai, Seclin, etc., avaient déjà leurs chartes et
leurs réglemens municipaux. De 1239 à 1241, elle confirma de
concert avec le comte Thomas, son époux, les priviléges pré-
cédemment accordés à la ville du Dam, lui en concéda de

* Voyez à ce sujet l'excellent ouvrage intitulé : *De l'affranchissement
des communes dans le Nord de la France et des avantages qui en sont
résultés*, par M. TAILLAR, conseiller à la cour royale de Douai, in-8.°
Cambrai, 1837.

nouveaux, ainsi qu'à la ville de Capriek, et reforma l'échevinage de Bruges.

Une des institutions les plus remarquables sous le double point de vue de la législation et des mœurs, c'est la keure [1] ou charte que Thomas et Jeanne donnèrent en juillet 1240 à la châtellenie de Bourbourg, à celle de Furnes, et à la terre de Berghes-Saint-Winoc. Entr'autres dispositions curieuses on remarque celles ci : — Le comte retient à lui la connaissance du meurtre, *mordaet*, ainsi que l'incendie commis en plein jour, *dachbrant*, le délit commis en sa présence, les forfaits des dîmes et des forteresses, la dépouille du mort, *rerofh*, la violence faite dans les églises, etc. — Celui qui battra une femme paiera au comte trois livres, et vingt sols à la femme. — Si un voleur est pris avec son vol, il sera amené devant la vierscare, (tribunal de la keure), on entendra ses allégations, et il pourra être convaincu sur-le-champ par le serment de celui qui l'aura arrêté et par quatre prud'hommes. — Les keurhers [2] paieront le dommage des incendies qui se commettront dans les villes ; si l'incendiaire est connu, il sera banni à perpétuité, et ses biens paieront le dommage : le reste appartiendra au comte. — Celui qui sera accusé de *nactbrant*, (feu pendant la nuit), devra se justifier

[1] La keure, dit M. Warnkœnig dans son *Histoire de la Flandre*, ii, 298, contient, comme la loi des xii tables à Rome, les règles fondamentales du droit public et criminel de la ville, et de son organisation judiciaire.

[2] Ceux qui participent aux bénéfices de la keure.

devant cinq keurhers; autrement il sera pendu. —Si quelqu'un est accusé de vol devant la justice, il pourra se disculper la première fois en présence des quatre hommes de bien de son espèce, ou de cinq keurhers dans la vierscare. S'il est accusé une seconde fois, il se purgera en présence de cinq keurhers seulement; s'il l'est une troisième fois, la keure ne prononcera rien, mais le seigneur en fera justice comme il lui plaira. — Celui qui aura fait tapage dans une église (*kerestorm*), paiera au comte trois livres. — Celui chez qui on trouvera un *canipulum*, (espèce de bâton noueux), ou une massue *torcoise*, hors de sa chambre ou de son bahut, paiera au comte trois livres. — Toute personne qui portera des armes défendues en dedans la keure, paiera la même somme au comte. Il est cependant permis aux échevins, keurhers, chevaliers, fils de chevaliers et voyageurs de porter des épées. — Celui qui portera son épée à l'église, paiera trois livres ; s'il s'en sert pour faire mal, il en paiera six. —Personne ne doit plaider dans l'église ou dans des maisons particulières pour choses dont la connaissance appartient à la keure : celui qui en sera convaincu paiera l'amende de trois livres. — Les officiers du seigneur ne pourront saisir la maison ni les biens de quelqu'un, si ce n'est par le jugement des keurhers. — Ceux qui, par jugement des keurhers, se rendront en *ôtage* sont obligés de rester trois fois quarante jours dans la maison du comte ou dans l'endroit qui leur aura été désigné, sans armes : il ne leur sera pas permis de passer les bornes qu'on leur aura prescrites, à moins que le feu ne prenne à la maison. — Ceux qui auront joué *de ludo talorum*, aux osselets, aux dez, paieront une amende de 20 sols : il sera cependant permis de jouer aux dames et aux échecs. — Celui qui tiendra taverne hors de la ville paiera trois livres d'amende, et sa maison sera brûlée. — Celui qui lèvera ou fera lever le drapeau, *signum levaverit*, à moins que par nécessité, ou de nuit, lorsqu'il entendra du bruit, ou de jour, lorsqu'il sera attaqué dans sa maison, ou à cause de l'eau, paiera, s'il en est convaincu, 60 livres au comte. — Celui qui sera trouvé portant une cuirasse, *halberquel*, ou un bonnet de fer, le perdra et paiera trois livres au comte. — Si quelqu'un est accusé d'avoir enlevé une femme, la justice doit faire arrêter l'homme et la femme, les retenir et les ajourner au troisième jour; s'ils comparaissent, l'homme doit être d'un côté et la femme de l'autre avec ses parents. On dira à la femme d'aller avec cet homme : si elle y va, il sera libre et devra l'épouser; mais si elle refuse d'aller avec lui et se plaint du rapt, on fera justice de l'homme,

Disons ici que ces keures, ces chartes d'affranchissement pleines de dispositions si sages, si naïvement libérales, ne furent pas le résultat de l'insurrection. On ne trouve aucune trace en Flandre, à cette époque, de commotions populaires dont le but aurait été de forcer la main au souverain à l'effet d'obtenir un accroissement de priviléges. Il n'en était pas besoin. En affranchissant les communes, les comtes faisaient tout-à-la-fois acte de justice et acte de bonne politique. Pour ne parler que de Jeanne, elle avait certes plus à se défier de la noblesse que de la bourgeoisie , témoin la présence de plusieurs barons flamands dans les rangs de l'armée royale à Bouvines , et l'échauffourée révolutionnaire dont le faux Bauduin n'avait été , peut-être , que le prétexte et l'instrument. Nous ne voulons pas dire , toutefois , qu'une crainte prévoyante, trop bien justifiée dans la suite des temps, n'ait fait caresser un peu ce lion populaire qu'il n'était pas prudent d'agacer ou de mécontenter. Toujours est-il qu'au XIII.ᵉ siècle, les comtes de Flandre ne voyaient pas sans une certaine satisfaction le beffroi des communes élever sa tête plus haut encore que le donjon féodal.

Cependant la mission de Jeanne sur la terre allait être bientôt tout-à-fait accomplie. Thomas de Savoie semble avoir pressenti que le rôle secondaire qu'il remplissait ne devait pas tarder à cesser avec la vie de celle par la grâce de qui il avait été fait comte de Flandre et de Hainaut. Il ne voulut pas que l'histoire, à son chapitre, restât entièrement muette ; que le sobriquet flétrissant de certains rois karolingiens fût inscrit sous son nom. Sans doute il aurait suffi que Thomas eût attaché son sceau à côté de celui de l'illustre fille de Bauduin, pour être à jamais sauvé de l'oubli ; mais il ne s'en contenta pas. Le peu d'années que ce prince vécut au milieu des riches campagnes, des cités populeuses du domaine de sa femme, furent par lui employées utilement et non sans gloire. Il répara plusieurs forteresses et ne dédaigna pas de porter sa sollicitude sur l'agriculture et l'amélioration des races de bestiaux. On assure qu'il fit venir des chevaux d'Espagne et de Pouille , des taureaux et des vaches de Savoie d'une énorme grosseur , et qu'il en établit des haras dans la forêt de Mormal , contigue à sa résidence d'été du Quesnoi. Sa bravoure comme homme de guerre eut aussi l'occasion de se déployer en 1247. Henri, duc de Brabant, qui jadis , lors de la grande coalition de 1214 , avait fait alliance avec le comte de Flandre, ne tint pas , dans la suite, tout ce qu'il avait promis. Thomas entra à main armée dans le Brabant , qu'il ravagea , prit Bruxelles , s'empara de la personne du duc et de celle de son frère Godefroi, et ne les relâcha qu'après en avoir obtenu bonnes rançons. L'année suivante il alla guerroyer au comté de Namur. Il venait de prendre une des forteresses les plus considérables de ce pays, le château de Poilvache , lorsqu'il lui arriva de Flandre une funeste nouvelle. Il y revint en toute hâte.

La santé de Jeanne ébranlée par les secousses, les émotions de toute nature qu'elle avait subies durant le cours de sa vie , était fort gravement compromise. Le comte Thomas trouva sa femme malade à l'abbaye de Marquette qu'elle affectionnait d'une façon toute singulière, et où elle résidait souvent dans les dernières années de son règne. Elle y avait même fait bâtir un hôtel qu'on voyait encore au XVII.ᵉ siècle ; c'est là qu'elle allait se reposer des affaires et se livrer humblement à la prière et à la méditation au milieu des religieuses dont elle avait maintes fois ambitionné l'existence pleine de calme et de bonheur. La douleur du comte fut grande, mais elle ne pouvait l'être plus que la résignation de de sa vertueuse épouse. Jeanne envisagea, sans éprouver d'effroi, la mort qui s'approchait d'elle. Lorsque jetant un regard vers le passé, elle interrogea les souvenirs de sa vie publique et privée, rien ne dut venir troubler sa conscience, car c'est avec une confiante tranquillité d'âme qu'elle attendit le moment suprême où le bien et le mal sont mis dans les plateaux de la même balance.

Voulant savoir si l'instant était arrivé pour elle de se dégager de tout lien terrestre et de déposer enfin cette couronne qui, depuis trente années, avait tant pesé sur sa tête, elle manda les *fisiciens* et les requit de lui dire si le mal était sans remède. Ils répondirent qu'oui.

Jeanne alors demanda congé au comte Thomas, son mari, de prendre l'habit de novice et de se faire transporter au couvent. Le prince, fondant en larmes, le lui accorda. Elle vécut encore quelque temps de la sorte, priant et méditant sous la robe de bure, au milieu de la communauté qu'elle édifiait par son exemple. Plus humble que la dernière des humbles filles de ce monastère, la comtesse de Flandre et de Hainaut ne faisait rien sans la permission de l'abbesse. Elle n'ouvrait même pas la bouche pour parler, au dire des chroniques auxquelles nous empruntons ces détails.

Cependant, la maladie faisant des progrès rapides, la comtesse dicta son testament en présence d'une auguste assemblée. Le comte Thomas, son mari, et Marguerite, sa sœur, étaient là près de son lit, et à côté d'eux, le prieur de l'ordre des frères prêcheurs de Valenciennes avec trois religieux du même ordre, Pierre d'Esquermes, frère Michel et frère Henri du Quesnoy, G., prévôt de Marchiennes, A., doyen de la Salle, le seigneur Fastré de Ligne, le seigneur Watier de Lens et plusieurs autres barons. Une pensée, une seule pensée de justice et de charité présida à cet acte suprême que nous croyons devoir reproduire, au moins en substance :

« Au nom du Père et du Fils et de l'Esprit saint, ainsi soit-il. Moi Jeanne, comtesse de Flandre et de Hainaut, pour le salut de mon âme et de celles de mes prédécesseurs et successeurs, je fais mon testament sous la forme ci-dessous, et je veux qu'il ait force comme testament, sinon comme codicille, sinon comme expression de la dernière volonté d'une mourante. — J'entends, par dessus tout, que mes dettes de quelque nature qu'elles puissent être, soient pleinement acquittées. Si j'ai injustement occupé l'héritage d'autrui ou si j'ai détenu des biens pris indûment par mes prédécesseurs, je veux qu'ils soient rendus et restitués partout où ils se trouveront, et je donne pouvoir à mes exécuteurs testamentaires, plus bas nommés, de remettre en leur possession ceux qui auraient des droits à une restitution ; je veux aussi qu'il leur soit entièrement satisfait de tous dommages et intérêts — (Suivent les recommandations et les dispositions les plus scrupuleuses pour que personne n'ait rien à réclamer à sa mémoire et à celle de ses ancêtres. D'une part, trois mille quarante livres, monnaie de Flandre, et d'une autre, dix mille livres, même monnaie, sont assignées à ces restitutions éventuelles. Si la somme ne

suffit pas, son mari, sa sœur et les frères prêcheurs sont
chargés de pourvoir au surplus.) — Pour récompenser les
gens de ma maison, je leur lègue, sur les dix mille livres men-
tionnées ci-dessus, mille cinquante livres, à chacun suivant
que je l'ordonnerai de bouche ou par écrit. Si je ne dispose
pas en totalité de cette somme, mes exécuteurs testamentaires
distribueront le reste de ce qui n'aura pas été expressément
assigné par moi à chacun de mes serviteurs, selon son mérite
et son état, suivant l'avis de ma sœur et des frères prêcheurs
sus-nommés. Sur ces mêmes mille cinquante livres, je lègue
à Jeanne de Montereuil, deux cents livres de Flandre, et à
dame Marie du Châtel cent livres. *Item*, à ladite Jeanne, je
lègue quarante livres de rente viagère, et dix à ladite Marie,
etc. — Je veux en outre et j'ordonne que tous mes joyaux, mes
reliques, mes livres, mes vases d'or et d'argent, tous les ob-
jets et ornements de ma chapelle, tout ce qui sert à ma table,
à ma chambre à coucher, à ma cuisine, et autres choses affec-
tées spécialement à mon service soient remis entre les mains
et à la disposition de mes exécuteurs testamentaires, afin
qu'ils en usent selon leur conscience pour le bien de mon
âme, etc. — Libre d'esprit, jouissant du sain usage de ma
raison, j'ai ordonné ce qui vient d'être dit, et j'ai constitué et
je constitue expressément pour les exécuteurs de mon testament mes révérends seigneurs en Jésus-Christ, les évêques de
Cambrai et de Tournai, quels qu'ils soient à l'heure de ma
mort, et vénérables et discrètes personnes, le seigneur Watier,
abbé de Saint-Jean en Valenciennes, maître Gérard, écolâtre

de Cambrai, et maître Éloi de Bruges , prévôt de Saint-Pierre
de Douai, etc. — Je veux que ces mêmes exécuteurs testamentaires procèdent pour les restitutions et l'acquit de mes legs ,
suivant droit et justice et de la manière qui sera la plus profi-
table au salut de mon âme. Ainsi , qu'ils satisfassent tout d'a-
bord les pauvres, les indigens, et ceux envers lesquels je suis
le plus obligée. L'illustre et très-cher seigneur , mon époux
Thomas, comte de Flandre et de Hainaut , et ma très-chère
sœur Marguerite, dame de Dampierre , ont promis, de bonne
foi , d'observer fermement et inviolablement toutes les dispositions susdites. — Enfin , je supplie ma très-chère sœur, mes
exécuteurs testamentaires, tous mes fidèles et mes amis, d'agir
avec telle diligence et promptitude pour l'exécution de ma
volonté , que mon âme ne puisse souffrir dommage d'aucun
retard. — (Suivent les noms des témoins que nous avons nommés ci-dessus.) — Fait en l'an du seigneur 1244, le second dimanche de l'Avent. » [1]

Lorsqu'elle eut fait son testament, le mal empira de telle
sorte que le lendemain lundi elle rendit l'âme *en la salle de
pierre* de l'abbaye. Jeanne avait alors 54 ans environ. On
ne douta pas en ce temps-là qu'elle ne fût allée droit au ciel ;
car on la trouve inscrite sur le ménologe de Cîteaux , au
nombre des bienheureuses de l'ordre , à la date du 5 décembre.

[1] Voir le texte de ce testament aux *Pièces Justificatives*.

Ainsi vécut et mourut Jeanne de Constantinople, comtesse de Flandre et de Hainaut. Quels que soient les reproches impies que l'ignorance, qu'une haine aveugle, qu'un étroit esprit de paradoxe aient cru devoir adresser à cette femme remarquable, son nom n'en restera pas moins cher à tous les enfants d'un pays dont elle a inauguré l'émancipation et préparé l'opulence. Les sages et belles institutions de Jeanne protestent solennellement, depuis six siècles et plus, contre les calomnies dont on a voulu flétrir sa mémoire.

La fille de Baudouin comptait Charlemagne au nombre de ses ancêtres; elle eut Charles-Quint pour arrière-neveu et pour héritier. Ne mérite-t-elle pas d'être le lien qui doit unir dans la pensée des Flamands ces deux grands empereurs? [1]

---

[1] Nous sommes heureux de pouvoir encore ici donner des détails intéressants et tout-à-fait inédits sur la mort et la sépulture de la comtesse Jeanne. Nous puisons les premiers dans un manuscrit du XIII.[e] siècle, reposant aux Archives générales à Lille, sous le titre de *Particularités sur l'Abbaye de Marquette*, in-4.[o], velin, p. IX, et les autres, dans l'ouvrage de Dom Gouselaire, cité plus haut.

— « En l'an d'el incarnation mil CC et XLIIII, el mois de décembre, le vigil'e St.-Nicholai, trespassa me dame li noble contesse Jehane et avoit adont à marit le noble conte Thumas de Savoie ki fu frères à le bele Bietres contesse de Prouvenche et fu mère à le royne de Franche jadis espense au saint roy Loys. Et avant ke me dame li noble contesse Jehane trespassast, pour le grand affection et le grant tenreur de dévotion k'ele avoit au couvent de chaiens et pour le fianche Thumas sen marit de prendre les dras d'el ordene, et il dolans et courechié de cuer de le dessevranche de tel dame, asseurés des phisissiens k'ele ne pooit respasser, en grant tristeche et en grans larmes li otria. Et me dame li abbeesse Bierte et tous li couvens ki nuit et jour estoient entour li, en gémissemens et en pleurs, en doleur de le pierte de si haute, de si noble, de si gentil dame et de si douche et loial mère ki nouvielement avoit fondée ceste maison et avoit tant fait et encore entendoit à faire grans biens, li donnèrent l'ordene en habit de novisse et ele le rechut en grant joie et en grant franche de sen salut et tantost prist ses coingiés à ma dame l'abbecsse de soure dite de parler et d'autres choses, et trespassa chaiens en le sale de piere, le jour deseure nommé. »

— « Elle avoit, dit Gouselaire, fait bastir un hostel dans l'enceinte de ce monastère, que l'on void encore aujourd'huy, où elle avoit coustume de venir de temps en temps, et d'y rester quelques jours hors du bruit et de l'embarras de la cour pour vacquer avec plus de repos aux affaires de son salut : mais quand elle eust obtenu la permission de son époux de quitter tout-à-fait les vanités du monde, elle vint en ce monastère non plus pour estre la maistresse, ainsy qu'elle avoit tousjours esté, mais pour estre la dernière de toutes, à l'exemple du sauveur du monde, qui dit de luy mesme, qu'il y est venu pour servir et non pas pour estre servi. Elle demanda donc l'habit de novice, qu'elle obtint et reçut des mains de madame Berte, abbesse de léans, avec plus de joye et de contentement qu'elle n'avoit eu souz les vestemens royaux, qu'elle avoit portés si long-temps. Notre manuscrit assure qu'elle estoit si exacte dans toutes les observances régulières qu'elle ne faisoit rien sans la permission de madame l'abbesse, jusqu'à leur demander congé de parler. Sa santé avoit esté fort altérée par tant de traverses qu'elle avoit souffert presque tout le temps de sa vie; ainsy que nous avons veu cy-devant. C'est pourquoy Dieu l'appela bien tost de cette vallée de misères pour luy donner une couronne de gloire en récompense de celle qu'elle avait quittée pour se donner entièrement à son service. Ce bonheur luy arriva le cinquième jour de décembre de l'année mille deux centz quarante quatre, estant apparamment encore novice, mais d'une vertu toute consommée, âgée de cinquante-quatre ans. — Si la voix du peuple est la voix de Dieu, il ne faut pas douter qu'elle ne soit sainte, ny s'estonner que le ménologe de Cisteaux l'ait mise dans le cathalogue des bienheureux de l'ordre, au 5 décembre, jour de son trépas. C'est Dom Chrisostome Henriquez, espagnol de nation, docteur en théologie et historiographe de notre ordre qui est l'auteur de ce ménologe, dans lequel il fait un abrégé des principales actions de cette illustre princesse. — Son corps fut icy enterré avec les cérémonies et solemnités deues à son mérite, et mis dans un tombeau de marbre, au milieu du chœur des Dames, au-devant de celuy du comte Ferdinand, son premier mary, que l'on voit encor aujourd'huy. Il y avoit allentour diverses effigies relevées en bosse, qui furent toutes défigurées par les hérétiques, lorsqu'ils pillèrent cette abbaye en l'an 1566, ainsi que nous dirons ci-après. Le susdit Dom Chrisostome Henriquez, en son ménologe, rapporte l'épitaphe suivant, qu'il dit avoir esté autrefois gravé sur le tombeau de notre comtesse et dont il ne paroit plus aujourd'hui aucun vestige.

EST SITA FLANDRENSIS PRINCEPS ET HANNONIENSIS
IN TUMULO TALI : VITA VIXIT SPECIALI.

SICUT SUSANNA COELEBS FUIT ISTA JOANNA *
NOBILITAS TALIS , PROLES FUIT IMPERIALIS ,
JUSTA , POTENS , FORTIS , CLEMENS , AC HORRIDA MORTIS.
ANGELICIS MIXTA SIT TURBIS HÆC COMITISSA.

« En voicy un autre que nous y avons veu , quoyque les caracthères dont il estoit gravé , ne parussent pas fort anciens.

M. II. C. JUNCTA BIS , ET X QUATER BIS SIBI
BINA OBIIT QUINTA DECEMBRIS.
ANNO MILLENO MIGRAVIT CUM QUADRAGENO
QUARTO ET BIS CENTUM QUINTA LUCE
DECEMBRIS. ORATE PRO EA.

« Ce double épitaphe nous a paru , aussi bien qu'à d'autres , si désagréable pour son obscurité et pour le peu de sens et d'esprit de son autheur , que nous l'avons jugé indigne d'estre plus long-temps sur le tombeau d'une si grande et vertueuse princesse. C'est pourquoi nous l'avons fait effacer en l'an 1693 et fait graver en sa place le suivant , que nous croyons que le lecteur trouvera un peu plus raisonnable , quoy qu'il soit bien au-dessouz des mérites de la personne dont il parle :

HAC , QUAM FUNDAVIT , REQUIE JOANNA QUIESCAT
FLANDRORUM PRINCEPS , HANNONIÆQUE COMES.
PRÆTULIT HIS VELUM TITULIS , ET JUNCTA SACRATIS
VIRGINIBUS , SUPERIS EST QUOQUE JUNCTA CHORIS.
OBIIT V DECEMBRIS ANNO M.CC.XLIV.

* où est mis *nonnalis* au lieu de *Joanna*, mais la rytme fait voir que c'est une faute.
(*Note de Gouselaire*).

PIÈCES

JUSTIFICATIVES.

L'histoire que nous venons de tracer serait incomplète si, pour la justifier, nous ne donnions en appendice les actes principaux émanés de la comtesse Jeanne, ou bien qui se rattachent d'une manière plus ou moins directe à son existence politique et privée.

Les titres déjà connus suffisamment et ceux qui n'offrent qu'un intérêt secondaire sont simplement analysés; quant aux autres qui, jusqu'à ce jour, n'étaient pas encore sortis de nos archives ou n'avaient reçu qu'une publicité trop restreinte, nous avons cru devoir les produire textuellement.

Ces documents divers, extraits pour la plupart de la Chambre des Comptes du roi à *Lille* [1], ne serviront pas seulement de pièces justificatives à l'histoire de Jeanne de Flandre : les érudits y trouveront peut-être aussi de précieux renseignements sous d'autres points de vue.

1. Toutes les pièces provenant des Archives générales du département du Nord sont suivies de ces lettres indicatives A. N.

[illegible]

PIÈCES

JUSTIFICATIVES.

1209. — 5 Août, à Courtrai.

Lettres par lesquelles Philippe, Marquis de Namur, tuteur de Flandre et de Hainaut, accorde aux bourgeois et à la communauté d'Ypres, la faculté de se choisir entre eux cinq personnes chargées de conserver les droits des églises de la ville. Ces personnes ne pourront quitter leurs fonctions qu'après avoir choisi cinq échevins qui en éliront huit autres, lesquels feront tous serment en présence du tuteur de Flandre ou en celle de son bailli de remplir leurs devoirs. Les échevins seront élus tous les ans, et en sortant de l'échevinage, ils choisiront cinq hommes probes qui, après, nommeront cinq autres échevins, comme il est dit ci-dessus. — A. N. — *Copie en papier.*

1211. — 22 Janvier.

Acte de l'hommage fait au Roi de France par Fernand, comte de Flandre. — A. N. — Imp. dans les *Mémoires sur la Navarre et la Flandre* par A. Galland, preuves, 145. — Baluze, *Miscell.* VII, 149. — Warnkœnig, *Hist. de la Flandre*, I, 345.

1211. — Février.

Jeanne, Comtesse de Flandre et de Hainaut, et Fernand son mari remettent les villes d'Aire et de Saint-Omer à Louis, fils aîné du Roi de France Philippe-Auguste. (Traité de Pont-à-Vendin.) — A. N. — 1.*er Cart. d'Artois*, pièce 193. — Imp. dans les *Preuves de la Maison de Béthune* par Duchesne, p. 88. — *Hist. de la Flandre* par Warnkœnig, pièces justificatives. I, 346.

1212. — 4 Mai.

Lettres de Jean, roi d'Angleterre, à Fernand, comte de Flandre, au sujet de l'alliance projetée entre eux.

— Rex Ferando comiti Flandriæ, etc. — Sciatis quod fidelis noster Reginaldus, comes Boloniæ, locutus est nobiscum de vobis, et quod libenter vos ad fidem et servitium nostrum attraheremus, tantum erga vos facientes de feodo vestro vobis reddendo, et de aliis, quod non stabit per nos, quin amicitia inter nos et vos perpetua perseveret. Et ideo vos rogamus, quatenus aliquos de vestro concilio discretos ad nos in Angliam, sine dilatione mittatis, ad fœdus inter nos componendum, per consilium prædicti comitis, quem, propter hoc, nobiscum retinemus, sicut fideles nostri, Adam Keret et Willielmus Creset, quos ad vos mittimus, vobis dicent. Nos vero procul de marina interim non recedemus, et vos similiter prope marinam vos teneatis ; ut, prætacto inter nos et nuncios vestros negocio nostro et vestro, citius ad ea, quæ prælocuta fuerint, consummanda convenire possimus. Teste me ipso, apud London, quarto die maii — Impr. RYMER, *Fœdera*, nova ed., Londini, 1816. I, 105.

1212. — 4 Mai.

Le roi d'Angleterre prête trois mille marcs d'argent à la reine Mathilde , comtesse douairière de Flandre , à la condition que le comte Fernand et les villes de Gand , Bruges et Ypres répondront de cette somme.

— Rex dilectæ Margaretæ (*lisez* Mathildi), comitissæ Flandriæ, etc. — Super hoc quod nobis mandastis per fidelem vestrum Willielmum de Creseck, de tribus millibus marcarum vobis commodandis, ab instanti medio augusto in unum annum; sciatis quod illas vobis libenter accommodabimus; ita quod habeamus litteras vestras patentes et litteras nepotis vestri Ferandi comitis Flandriæ, et litteras trium villarum Flandriæ, scilicet, Gant', Burg' et Ipre', testificantes quod de tanto nobis teneamini , et quod ad terminum prædictum nobis illas persolvatis; et cum litteras prædictas nobis miseritis, prædictam pecuniam vobis mittemus. Teste meipso, apud Lameh', quarto die maii. — Imp. RYMER, ut supra.

———

1212. — Juin, à Lille.

Fernand, comte de Flandre et de Hainaut, prend sous sa protection l'abbaye de Saint-Nicolas-des-Près hors Tournai, ainsi que l'ont fait Thierry , Philippe et Bauduin, comtes de Flandre, ses prédécesseurs. — A. N. — 1.er *Cart. de Flandre*, pièce 33.

———

1212. — 20 Juillet.

*Le roi d'Angleterre écrit au comte Fernand, au sujet de
l'entrevue qu'ils devaient avoir ensemble.*

— Rex (Angliæ) amico suo carissimo F. comiti Flandrie, salutem
et dilectionem. — Grates vobis referimus ex hoc, quod virum
probum et discretum Walterum de Haubergecurt ad nos misistis,
et ex hiis quæ per eum nobis significastis, ad quæ perficienda
ad honorem et commodum utriusque nostrum, parati sumus
venire usque Doveriam à die sanctæ Mariæ Magdalenæ in XV dies
in occursum vestrum; et ideo ad vos mittimus dilectum et fidelem nostrum Jacobum de Caleto, rogantes quatinus per ipsum,
vel aliquem de familiaribus vestris, nobis significetis si ad terminum illum ad nos illuc venire possitis. Misimus enim illuc
comitem Sarr' fratrem nostrum, qui vobis literas nostras patentes de salvo conductu vestro, et littteras ejusdem comitis, et
litteras domini Winton' episcopi, et Galfr' filii Petri justiciarii
nostri, et comitis Arundell' et comitis de Ferar' habere faciet.
Vos autem super hoc nos quam tempestivè poteritis certificetis.
Teste meipso, apud Wodestock, vicesimo die julii.—Imp. RYMER.
I, 107.

———

1212. — A Blaton.

Lettres par lesquelles Philippe, marquis de Namur, remet à
sa nièce Jeanne, comtesse de Flandre et de Hainaut, et à Fernand son mari, la convention qu'il avait faite avec Bauduin,
son frère, concernant l'échange à opérer de la valeur des terres de
la Roche et de Durbuy, à condition qu'ils aideront Yolende, sa
sœur, comtesse d'Auxerre, avant que les lettres de convention
soient rendues; ils seront aussi obligés de conserver le douaire
de Marie, marquise de Namur, sa femme, et de protéger son

cher et féal Bauduin *de Lobiis* (de Lobes) , contre toutes les querelles qu'on lui intente. Jeanne et Fernand doivent pour tout cela
agir d'après le conseil de Nicolas de Condé et de Watier de Fontaines. — A. N. — *Or. parch. scellé.*

———

1213. — 25 Mai.

*Lettre du roi d'Angleterre à Fernand. Il s'excuse de ne pas
lui avoir plutôt envoyé secours, et le prie d'accorder créance
aux ambassadeurs qu'il lui députe.*

— Rex dilecto amico suo F. comiti Flandriæ et Hannoniæ salutem. Suscepimus litteras vestras, quas nobis per Baldewinum de
Newport militem misistis, et illas vobis remittimus ut videatis
mandatum nostrum; et si prius ad nos misissetis, majorem succursum vobis fecissemus.—Mittimus autem ad vos fideles nostros
dilectum fratrem nostrum, W. comitem Sarr', R. comitem
Bonon', Hugonem de Boves, Henricum filium comitis et Brien de
Insula, mandantes quod fidem habeatis eis, super hiis quæ vobis
dicent, ex parte nostra, de negotio nostro et vestro, qui ratum
habebimus quidquid vobiscum fecerint ad commodum utriusque
nostrum, etc. — Apud Templ' de Ewell' XXV die maii, anno
XV. — Impr. RYMER, I, 113.

———

1213. — 20 Juin.

Pareille lettre de créance pour de nouveaux envoyés.

— Rex dilecto amico suo F. comiti Flandriæ et Hannoniæ, etc.
—Mittimus ad vos dilectos et fideles nostros W. comitem Sarr'

fratrem nostrum, et W. de Gray cancellarium nostrum pro negotio nostro et vestro. Et sciatis quod, quicquid fidelis noster R. comes Bononiæ, et prædicti, comes frater noster, et W. cancellarius noster, et Johannes filius Hugonis, et Falkesius de Breante vobiscum inde fecerint ad honorem et commodum nostrum, id ratum habebimus et tenebimus. Et in hujus rei testimonium has litteras nostras patentes vobis mittimus. Teste me ipso, apud Beram' XXVI die junii, anno regni nostri XV. — Imp. RYMER, I, 113.

1213. — 1.ᵉʳ Septembre.

Le roi d'Angleterre annonce à Fernand qu'il se dispose à lui envoyer des secours en hommes, argent, etc.

— Rex Ferando comiti Flandriæ, etc. — Sciatis quod nuncii vestri, scilicet Ern' de Landa, et præpositus de Sancto-Audomaro venerunt ad nos in remotis partibus regni nostri, scilicet, apud Dunholm' et, audito nuncio eorum, statim misimus ad providendum negotium vestrum, et nos ipsi ad illud expediendum festinamus versus London; ita quod frater noster, comes Sarum, versus vos iter arripiet, una cum nunciis vestris, dominica, scilicet, in festo sancti Michaelis, cum denariis, gente, et aliis. Et vos rogamus quatinus interim ita viriliter vos habeatis, quod probitas et sollicitudo vestra a Deo et hominibus merito debeant commendari : pro certo habentes quod talem vobis succursum faciemus, quod pro defectu nostri nichil amittemus. Et sciatis quod de prædictis nunciis vestris multum vos laudamus, quia decenter et discrete nostrum et vestrum negotium nobis proposuerunt. Teste me ipso, apud Stretton', vicesimo primo die septembris.—(*Eodem modo scribitur Johannæ comitissæ Flandriæ et R. comiti Bolon'*). — Impr. RYMER, I, 114.

1214. — 1.ᵉʳ Avril, à Gand.

Jeanne, comtesse de Flandre et de Hainaut, fait savoir aux échevins et bourgeois d'Audenarde, qu'elle a pris sous sa protection la maison et les biens de l'hôpital de N.-D., en cette ville, et qu'elle ne veut pas qu'on lève sur ladite maison, tailles ni exactions. — A. N. — 2.ᵉ *Cart. de Flandre*, pièce 42.

1214. — 3 Avril, à Gand.

Fernand, comte de Flandre et de Hainaut, et Jeanne, sa femme, se soumettent à ce que Gérard de Gavre, Willaume son beau-père, G. chatelain de Baumont, Arnoul d'Audenarde, Bauduin de Comines le père et Gilbert de Borghelles ordonneront relativement aux droits que Bouchard d'Avesnes devait avoir en Flandre et en Hainaut, du chef de sa femme. — A. N. — *Copie vidimée à la date du* 11 *octobre* 1249 par l'abbé de Liessies et Remi, chanoine de Châlons. — 1.ᵉʳ *Cart. de Hain.*, pièce 13. — *Or. parch. scellé en la trésorerie des chartes du Hainaut à Mons.* — *Saint Genois*, I, CCLIII. — Impr. *Thesaurus anecdot.* I col. 842.

1215. — 19 Janvier, à Latran.

Bulle d'Innocent III relative à Bouchard d'Avesnes. — A. N. — Nous en avons donné la traduction ci-dessus. V. p. 53.

1216. — 13 Janvier, à Audenarde.

Jeanne exempte de toutes tailles les personnes qui viendront demeurer à Courtrai.

— Ego Johanna Flandrie et Hainonie comitissa, universis ad quos littere iste pervenerint notum fieri volo quod omnes illi qui de alienis terris videlicet de aliis terris quam de terra mea vel de dotalicio domine Mathildis regine, Flandrie comitisse, venient manere in villa mea de Curtraco liberi erunt, quamdiu vixerint, de omni tallia que fiet apud Curtracum, et hoc eis per presentes litteras meas patentes concedo. Sed volo quod heredes eorum, si eos habeant, tallias solvant sicut alii burgenses mei. Actum apud Aldenarde per consilium dilectorum meorum Walteri de Avesnis, Walteri de Somerghem, Sigeri de Moscron, Philippi d'Eenan, seria V. post epiphaniam domini, anno millesimo ducentesimo sexto decimo. — A. N. — *Orig. parch. scellé.*

1217. — 17 Juillet.

Bulle d'Honorius relative à Bouchard. — Voir ci-dessus la traduction de cet acte, p. 56.

1218. — 12 Octobre, à Lille.

Jeanne, comtesse de Flandre et de Hainaut, donne aux bourgeois de sa ville de Seclin les mêmes lois, privilèges et coutumes dont jouit la ville de Lille. — A. N. — 1.er *Cart. de Flandre*, pièce 466. — Impr. *Recueil des ordonnances du Louvre*, IV, 320. Sous la date de 1280.

1218. — 28 Octobre, à Lille.

Michel de Harnes, connétable de Flandre, cède à Jeanne la châtellenie de Cassel.

—Ego Michael de Harnis, Flandrie constabularius, notum facio omnibus presentibus pariter ac futuris quod Castellaturam Casletensem, sicut eam tenuerant antecessores mei et sicut eam tenebam integre tam infra Casletum quam extra, reportavi et resignavi in manus karissime domine mee Johanne Flandrie et Hainonie comitesse ab ipsa et heredibus suis perpetuo possidendam. Ipsa vero domina mea mihi dedit in excambium istius castellature quidquid habebat in Broxella, in Polinchove, in Rubruec et in Liedersella, excepto feodo Gilleberti de Haveskerca. Dedit etiam mihi annuos redditus quadragintorum et trium hodorum mollis avene ad brevia Henrici de Hasebruec et sex denariorum, et ad brevia Rogeri de Walonis-Capella dedit ipsa mihi quadragenta hodos trititi et quadringentos et quinquaginta hodos mollis avene. Dedit etiam mihi nemus de Geraldi-Monte. Et sciendum est quod si Christiana uxor mea vel aliquis ex heredibus meis super castellatura predicta ratione dotalicii vel aliqua alia occasione prefate domine mee ire vellent ad extorsam in aliquo, concedo et approbo quod ipsa domina mea ad omne excambium quod mihi dedit, sicut prenotatum est, recurrat et illud libere saisiat et teneat donec pretaxata uxor mea et omnes heredes mei memoratam castellaturam Casletensem ei integre resignaverint, quitam clamaverint et omnino guerpierent, et cum satisdicto excambio meo medietatem totius castellature Casletensis teneat donec a prefata uxore mea et ab heredibus meis omnibus prescripta castellatura ei plene fuerit resignata et legitime confirmata. Actum est hoc et recognitum Insule, die Mercurii proxima ante festum apostolorum Simonis et Jude, coram fidelibus meis Hellino de Wavrin senescallo Flandrie, Petro de Bruec, Petro de Gamans, Goberto de Bondues, Urso de Fertin, Hugone de Lesanes, Balduino de Bondues, Olivero de Bondues, Rogero de Anetieres, Gerardo de Avelin et Roberto de Anetieres. Anno domini M.º CC.º octavo decimo. — A. N. — *Orig. parch. scellé.*

1219. — *La 5.ᵉ férie après Saint-Martin, à Male.*

Lettres par lesquelles Fernand, comte de Flandre et de Hainaut, et la comtesse Jeanne, sa femme, déclarent qu'ils ne peuvent changer les échevins de l'office de Bruges, *nisi essent falsificati*. Lorsqu'un nouveau seigneur viendra en la terre, il pourra changer lesdits échevins. — A. N. — *Cart. de Flandre*, pièce 136.

1220.

Lettres par lesquelles l'empereur Frédéric II casse la sentence rendue à une diète tenue à Francfort et par laquelle Jeanne, comtesse de Flandre et de Hainaut avait été privée des terres relevant de l'empire, faute d'avoir prêté foi et hommage à l'empereur. (Sous le vidimus de G. (Godefroi), évêque de Cambrai, qui déclare que cette sentence était scellée d'une bulle d'or. — A. N. — *Or, parch. scellé du sceau de l'évêque de Cambrai.* — *Cart. des empereurs*, pièce 1. — Impr. dans les pièces justif. de l'*Hist. de la Flandre*, par Warnkœnig, I, 348.

1220. — Sans date.

Jeanne fait un réglement concernant les lépreux de la ville de Mons. — A. N. — 1.ᵉʳ *Cart. de Hainaut*, pièce 177.

1220. — 6 Novembre. — 20 Décembre.

Lettres de non-préjudice octroyées par Jeanne au profit des doyens et chapitre de Saint-Donat de Bruges, à cause de l'argent que ceux-ci lui ont donné pour le rachat du comte Fernand.

Ego Johanna Flandrie et Hainonie comitissa, omnibus notum facio quod decanus et capitulum sancti Donati in Brugis michi dederunt, ad redemptionem karissimi domini mei Fernandi comitis Flandrie et Hainonie, de quolibet igne hospitum suorum qui sub ipsis manent, septem solidos flandrensis monete, et hoc fecerunt non ex jure sed ex gratia tantum. Nec volo quod occasione hujus donationis possit in posterum trahi in querelam. Et propter hoc, presentem eis contuli paginam sigilli mei appensione munitam. Datum Curtraci, seria IIII.ª post natale dominice incarnationis, M.º CC.º vigesimo.

— Ego Johanna Flandrie et Hainonie comitissa, omnibus notum facio quod denarios quos mihi concesserunt decanus et capitulum sancti Donati in Brugis ad redemptionem domini et mariti mei Fernandi et Hainonie comitis non mihi concesserunt pro aliquo jure vel pro aliqua consuetudine, sed gratia tantum, et ne possit trahi in consuetudinem in posterum quod fecerunt de gratia, ipsis presentes contuli litteras sigillo meo sigillatas. Datum Insulis, die Veneris post festum omnium sanctorum anno domini M.º CC.º vicesimo. — A. N. — *Cop. simple en parch.* à la suite d'un titre de 1101.

———

1221. — *Le jour de Pâques à Courtrai.*

Jeanne, comtesse de Flandre et de Hainaut, nomme son cher cousin et féal J. (Jean) seigneur de Neelle, châtelain de Bruges,

pour terminer les contestations qu'il y avait entre elle et Arnoul
d'Audenarde, au sujet du receveur du vinage d'Yseel qu'Arnoul
soutenait devoir être établi à Ath où ses hommes de Pamele le
payaient. — A. N. — *Cart. rouge*, pièce 85.

1221. — Avril.

Sentence de Jean de Neelle en conséquence de la charte ci-
dessus. Il décide que la comtesse peut avoir un vinage à Yseel
sans faire tort au seigneur d'Audenarde et que les habitans
d'Audenarde et de Pamele doivent en être exempts. — A. N. —
Cart. rouge, pièce 86.

1221. — 6 Mai, à Mayence.

*Henri, roi des Romains, casse et annule la sentence rendue
à Francfort en faveur de Guillaume, comte de Hollande, contre la comtesse Jeanne. (Sous le vidimus de Gui, évêque de
Cambrai).*

— Guido, dei gratia Cameracensis episcopus omnibus presentes
litteras inspecturis, salutem in domino. Noverit universitas vestra
quod nos litteras felicis recordatiouis Henrici dei gratia Romanorum regis et semper Augusti inspeximus in hec verba. — Henricus, dei gratia Romanorum rex et semper Augustus, omnibus ad
quos littere iste pervenerint salutem, omne bonum. Noveritis
quod sententiam illam que data fuit apud Frankenevorde pro
Willelmo comiti Hollandie contra nobilem Johannam Flandrie
et Hainonie comitissam, videlicet quod comes Willelmus recepit

in feodum terram illam quam dicta comitissa jure hereditario
tenebat ab imperio in feodum, per consilium principum nostrorum, ex toto revocamus et ad nichilum redigimus, et ex hiis ra-
tionibus quod tempore illo quando illa sententia data fuit, dicta
comitissa non poterat secure venire ad dominum patrem nostrum
ut ab eo feodum suum reciperet et ei homagium faceret, et quod
tempore illo maritus ejus Fernandus comes Flandrie et Hainonie erat in captione domini regis Francie, et quod dictus comes
Willelmus non tenuit que concessit quando sententia data fuit
pro eo; unde dictam comitissam reponimus in saisinam et possessionem omnium bonorum et totius feodi quod antecessores
ejus tenuerunt de antecessoribus nostris, et volumus quod paci-
fica gaudeat possessione omnium bonorum illorum et feodi illius.
Precepimus etiam prefato comiti Willelmo, sub periculo omnium
bonorum que tenet de imperio, quod nullo modo contra hoc factum
nostrum venire presumat. Datum Maguntie, feria quinta post
inventionem sancte crucis, anno dominice incarnationis millesimo ducentesimo vicesimo primo, mense maio. — A. N. — *Or.
parch. scellé*. Se trouve aussi dans le *Cart. des empereurs*, pièce 2.

1221. — Mai.

*Vidimus sous les sceaux de Gui, Watier et Furcq, évêques
de Cambrai, Tournai et Arras, de trois lettres données en 1221
qui déclarent que la sentence rendue au profit du comte de
Hollande contre Jeanne, comtesse de Flandre et de Hainaut,
a été cassée et mise à néant par l'empereur Henri.*

(*Les lettres de* 1221, *le vidimus de* 1246.)

— Guido dei gratia Cameracensis, W. eadem gratia Tornacensis
et F. eadem gratia Attrebatensis episcopi, universis presentes
litteras inspecturis in domino salutem. Noveritis quod nos litte-

ras venerabilis patris Enghelberti felicis recordationis quondam archiepiscopi Coloniensis sigillo ipsius sigillatas non cancellatas aut viciatas vidimus in hac forma. — Enghelbertus dei gratia sancte Coloniensis ecclesie archiepiscopus, omnibus quibus litteras istas videre contigerit salutem in domino. Noveritis quod presentes fuimus ubi dominus noster Henricus illustris Romanorum rex et semper Augustus revocavit in irritum et ad nichilum redegit sententiam illam que data fuit apud Frankenvorde pro comiti Hollandie Willelmo contra egregiam Flandrie et Hainonie comitissam Johannam , videlicet de eo quod ipse comes Wilelmus recepit in feodum de domino nostro karissimo Frederico dei gratia tunc Romanorum rege et semper Augusto, nunc autem imperatore, terram quam ipse tenuit in feodum de prefata comitissa et rationes exposuit. Dominus rex Henricus sicut in litteris suis quas dedit super hoc prenominate comitisse plenius continetur, et hoc protestamur quia per consilium nostrum factum fuit, et in hujus rei testimonium presentes litteras fieri fecimus sigillo nostro sigillatas. Datum Maghuntie, feria quinta post inventionem sancte crucis, anno dominice incarnationis millesimo ducentesimo vicesimo primo, mense maio. — Item, litteras venerabilis patris Th. bone memorie, quondam archiepiscopi Treverensis , inspeximus in hac forma. — Th. dei gratia Treverensis archiepiscopus , omnibus quibus presentes litteras videre contigerit salutem in domino. Noveritis quod presentes fuimus ubi dominus noster Henricus illustris Romanorum rex et semper Augustus revocavit in irritum et ad nichilum redegit sententiam illam que data fuit apud Frankenvorde pro comite Hollandie Willelmo contra egregiam Flandrie et Hainonie comitissam Johannam , videlicet de eo quod ipse comes Willelmus recepit in feodum de domino nostro Karissimo Frederico dei gratia tunc Romanorum rege et semper Augusto , nunc autem imperatore, terram quam ipse tenuit in feodum de prefata comitissa, et rationes exposuit dominus rex Henricus, sicut in litteris suis quas dedit super hoc prenominate comitisse plenius continetur , et hoc protestamur quia per consilium nostrum factum fuit. Et in hujus rei testimonium presentes litteras fieri fecimus sigillo nostro sigillatas. Datum Magontie , feria quinta post inventionem sancte crucis, anno dominice incaruationis millesimo ducentesimo vicesimo primo, mense maio.—Item litteras viri nobilis Warneri, quondam dicti de Bollande, vidimus in forma subscripta. — Warnerus de Bollande, omnibus quibus litteras istas videre contigerit salutem in Domino. Noveritis quod presentes fuimus.... *(ut supra).* — Nos igitur in testimonium omnium predictorum presentes litteras sigillorum nostrorum fecimus appensione muniri. Datum anno Domini millesimo ducentesimo quadragesimo sexto, mense decembri. — A. N. — *Or. parch. scellé.*

———

1222. — 26 Janvier, au Quesnoy.

Jeanne donne à l'église de l'abbaye de Vaucelles en Cambrésis, dix livres blancs à recevoir tous les ans sur le tonlieu de Lille, dans le temps de la foire, pour fournir au pain et au vin nécessaires au sacrifice de l'autel. — A. N. — *3.ᵉ Cart. de Flandre,* pièce 237.

1222.

Acte dans lequel Marguerite, sœur de Jeanne, donne à Bouchard d'Avesnes le titre d'époux.

— Ego Margarata soror comitisse Flandrie et Haynonie, notum volo fieri quod dominus *Bo. de Avesnis, maritus meus,* per voluntatem et assensum meum dedit in feodum et in hommagium domino Th. de Hufalise, consanguineo suo, sexaginta libras alborum annuatim accipiendas ad winnagia sua apud Avesnas. Quod ut ratum habeatur, presentes litteras sigillo meo feci sigillari. Datum anno Domini M.º CC.º vicesimo secundo. — A. N. — *1.ᵉʳ cart. de Hain.,* pièce 14.

1223. — Mai.

Jeanne confirme le privilége que Philippe, comte de Flandre et de Vermandois, son grand oncle, avait en 1187 accordé à l'abbaye de Saint-Bertin, d'établir un marché à Poperingue et d'y faire construire un canal. — A. N. — *Dans une confirmation de Louis, comte de Flandre, du 3 novembre 1366, à Gand, sous le vidimus de Jean, abbé de Saint-Bertin, du 14 novembre, même année.*

———

1223.

P. (Pierre) prévôt, R. (Roger) doyen, tout le chapitre Notre-Dame et les autres chapitres des églises du comté de Cambrai, déclarent que par accord fait depuis long-temps entre le comte de Flandre et ces églises, elles sont tenues de lui payer un droit de gavenne, selon l'ancien usage, et que le comte de Flandre doit les défendre envers et contre tous.

Lorsque le comte de Flandre, ou son héritier viendra dans le comté de Flandre, il doit aller à Cambrai faire serment sur les reliques, dans l'église, qu'en recevant le gavenne, il est obligé de défendre les églises, leurs biens et leurs personnes, et de leur donner une nouvelle charte confirmative de cette obligation.

Le bailli qui sera nommé pour recevoir le gavenne, doit faire serment dans le chapitre au nom du comte et montrer ses lettres.

Le comte doit toujours avoir à Cambrai deux sergents à cheval, prêts à aller où les besoins des églises l'exigeront, et s'ils ne font pas réparer les injures et les torts qu'on leur aura faits, les églises pourront avoir recours au comte.

Si le comte, après avoir été averti des dommages causés à quelques églises, ne les répare pas, ces églises pourront elles-mêmes se faire justice, demander que l'on descende les reliques des saints et empêcher qu'on ne paie au comte son droit de gavenne, jusqu'à ce qu'il ait pris leur défense.

Lorsque le gavenne aura été décidé par l'avis commun des églises, on ne pourra se dispenser de le payer.

Lorsque les églises auront eu satisfaction des injures qu'on leur aura faites, on continuera de payer le gavenne au comte.

Si le comte de Flandre ou ses héritiers demandent que l'on remette les reliques à leur place, elles ne pourront l'être que par le comte lui-même, le demandant avec humilité, à moins que pour raison particulière, les églises ne lui permettent d'y suppléer par quelqu'un de ses barons.

Le comte ne doit jamais donner de cautions pour la restitution des dommages faits aux églises, ni assigner ces dommages sur le gavenne, mais il pourra en exiger lui-même la restitution, quand il le trouvera bon.

Quant à l'évaluation des dommages, le comte doit s'en rapporter au simple témoignage des églises et d'un chanoine qui les taxera.

Si les torts ont été commis par quelque personne puissante ou par un chevalier, et que le comte ne puisse les réparer, les églises se ligueront pour punir le malfaiteur et exercer leur justice contre lui. — A. N. — *Cop. authentique en papier, signée* Le Monnier, *et collationnée en* 1599.

1224. — 29 Juillet, à Courtrai.

Jeanne donne à l'église de Notre-Dame, à Boulogne, huit livres monnaie de Flandre, à recevoir tous les ans, le jour de Saint-Martin, pour le vin et les lumières nécessaires au sacrifice de la messe. — A. N. — *Or. parch. scellé.*

———

1224.

Thomas, abbé, et tout le couvent de Boulogne-sur-Mer, déclarent que la comtesse Jeanne ayant été dans leur église et ayant vu les reliques qui y sont conservées, leur avait donné ce qui leur était nécessaire, afin d'acheter le pain, le vin et la cire, pour la célébration des divins offices. — A. N. — 2.ᵉ *cart. de Fl.*, pièce 181. — 8.ᵉ *id.*, p. 340. — *Imp.* MIRÆUS, III, 679.

———

1224. — Octobre, à Melun.

Le roi de France Louis VIII confirme l'accord fait entre Jeanne, comtesse de Flandre, et Jean de Neelle, au sujet des difficultés survenues pour la châtellenie de Bruges.

Ludovicus dei gratia Francorum rex, omnibus presentes litteras inspecturis, salutem. Veniens ad nos dilectus et fidelis noster Johannes de Nigella, requisivit à nobis coram karissimo fratre et fideli nostro Philippo, comite Bolonieusi, et karissimo consanguineo et fideli nostro G. episcopo Cathalaunensi, et dilectis ac fidelibus nostris M. episcopo Balvacensi, et G. episcopo Salvanectensi (*sic*), Francorum cancellario, et B. de Roia Francorum camerario, Matheo de Monte-Morentio Francorum constabulario, comite Roberto Drocarum et Johanne fratre ejus, Inguerranno de Cociaco, Stephano de Sacro-Cesari, vis-cambellano, Ada de Bello-Monte et Johanne fratre ejus, Symon de Pissiaco et multis aliis, ut testaremur conventiones factas inter dilectam consanguineam et fidelem nostram J. comitissam Flandrie ex una parte, et ipsum Johannem ex altera, sicut continetur in litteris ipsius Johannis quarum tenor talis est. — Ego Johannes, dominus de Nigella, castellanus Brugensis, notum facio universis presentes litteras inspecturis quod nobilis domina Johanna, comitissa Flandrie et Hannonie, debet michi vigenti tria milia librarum et quingentas et quadraginta quinque libras cum solidis et octo denariis parisiensibus, reddendas michi ad terminos inferius annotatos: videlicet ad pagamentum presentium nundinarum sancti Aygulphi apud Provinum, duo milia librarum ad tertiam diem post instans festum omnium sanctorum; quatuor milia et ducentas et duodecim libras ad nundinas Latiniacenses proximo venturas, decem et septem milia librarum et trecentas et triginta tres libras sex solidis et octo denariis; et sciendum quod, qualicumque hora ista pagamenta fuerint facta michi, sicut in presentibus litteris continetur, castellania Brugensis et omnia feoda, sicut ea a dicta comitissa tenebam, erunt sua per istam venditionem; et ipsa debet recipere homagia de meis hominibus qui sunt de illa pertinentia in tali puncto in quali erant homines mei et in bona pace. Et si comitissa aliquid ceperat de meis rebus vel mihi fecerat aliquod dampnum, ipsa remanet erga me quita et amodo non possum inde aliquid petere ab ea. Sciendum etiam, quod die sabbati ante festum beati Martini vel ante, debet ipsa venire ad dominum meum Lodovicum, illustrem Francorum regem, et requirere ei quod ipse diem duelli quod dicte comitisse et michi ad illam diem sabbati est assignata, ponat in respectum usque ad octavam instantis purificationis beate Marie in tali puncto quali erat ad illam diem sabbati; et ipsa debet tamen facere qued dominus rex istud faciat. Preterea sciendum quod si contingeret dictam comitissam decedere quamdiu lex ista durabit, heres ejus remaneret in tali puncto in quali ipsa est, modo ad faciendum ad diem que assignata est vel fuerit assignata, quicquid facere debet, sive sit de duello, sive de venditione; et si contingeret me decedere, heres meus remaneret in tali puncto in quo sum, et si contingeret quod Albericus de

Roia qui meus testis est in ista querela deficeret aut quod ipsum aliquo modo non possem habere, ego possem ponere aliquem militem in loco ejus, quemcumque velim et quem possim habere. Insuper etiam sciendum est, quod si comitissa deficeret in hoc, quod ista pagamenta non essent facta mihi et conventiones sicut in presenti scripto continentur, qualicumque hora mihi deficeret, quicquid recepissem de pecunia prenotata, esset meum; et omnes iste conventiones predicte essent nulle preterquam, de duello ad quod ego et comitissa reveniremus in tali puncto quali debebamus facere in istam conventionnem; et si ista pecunia fuerit michi soluta et conventiones implete, sicut superius est expressum, bona pax erit inter comitissam et me et Albericum prenotatum et omnes illos qui propter istud affarium odio haberentur; et vadia duelli nulla erunt. In hujus igitur rei testimonium, presentes litteras fieri volui sigilli mei munimine roboratas. Actum anno gratie M° CC° vicesimo quarto, mensis octobris.—Nos autem que premissa sunt volentes inviolabiliter observari, presentibus litteris ea testamur ad requisitionem dicti Johannis de Nigella et ad instantiam karissimi consanguinei et fidelis nostri Th. comitis Trecensis qui pro dicta comitissa ad ipsum fieri requirebat. Actum Meleduni, anno Domini M° CC° vicesimo quarto, mense octobris. — A. N. — 8.ᵉ *cart. de Flandre*, pièce 2.

1224. — 22 Novembre, à Courtrai.

Jeanne affranchit de toutes tailles et exactions cinquante hommes qui viendront s'établir à Courtrai, pour y travailler la laine.

— Ego Johanna, Flandrie et Hainonie comitissa, notum fieri volo tam presentibus quam futuris, quod ego et successores mei a quinquaginta viris qui ad operandum lanam, ab hac die in ante, venient manere apud Curtracum, neque talliam neque exactionem aliquam extorquere poterimus nec debebimus, quamdiu vixerent, ita tamen quod heredes eorum, post decessum patrum suorum, mihi servientsicut alii mei burgenses. Datum apud Curtracum, anno Domini M.º CC.º XX.º quarto, in die sancte Cecilie — A. N. — *Or. parch. scellé.*

1224. — 16 Décembre, à Ypres.

Michel de Boulers, connétable de Flandre, déclare avoir vendu à Jeanne, comtesse de Flandre, 250 hœuds d'avoine, qu'il recevait annuellement sur l'espier d'Hazebrouck, (chaque hœud valant 28 deniers, ce qui fait 29 livres 7 sols 4 deniers). — Plus, tout ce qui lui appartenait à Bollezeele et qui pouvait lui rapporter 44 livres par an; en tout, 73 livres 3 sols 4 deniers de revenu annuel, qu'il avait eus en échange de la châtellenie et du tonlieu de Cassel. La prisée de la valeur de cette châtellenie doit être faite par quatre personnes, savoir : Bauduin de Haveskerke, Raoul de Hazebrouck, Bauduin de Peenes et Gautier de Bavinchove. — Ces lettres ont été passées en présence de la comtesse et de la loi de ses hommes; plus, en présence d'Arnoul d'Audenarde, de Philippe de Berg..., de Bauduin de Lobes, Watier de la Lake, Watier de Boiscure, Alard de Wastines, Gilbert de Lobes, Gui de Burke, Jean *Lupi* et Eustache de Locres. — A. N. — *Or. parch. scellé.* — 2.ᵉ *cart. de Flandre*, pièce 578, et 8.ᵉ *cart. id.*, p. 258.

1224. — 1.ᵉʳ Janvier, à Courtrai, *(en français)*.

Lettres d'Arnoul de Landas, sire d'Esne, qui contiennent l'accord fait entre la comtesse Jeanne et lui, par lequel il promet pour lui et ses enfants, de rendre à la comtesse ce qu'il avait prisur elle et sur les siens, depuis la paix qu'ils avaient faite ensemble à Haimon-Quesnoy, le mardi avant l'Ascension 1223, renonce à toutes les prétentions qu'il avait sur la terre de *Fatrelos*, sans pouvoir y prétendre autre chose que ce qu'Arnoul d'Audenarde, Raoul de Mortaigne et Jean de Cyson (Cysoing) lui en donneraient. — Arnoul de Landas doit garder les lettres que ces trois pairs de Flandre donneront, et elles seront exécutées. — A. N. — *Or. parch. scellé.*

———

1224. — 19 Janvier.

Jean, seigneur de Neelle, châtelain de Bruges, reconnaît avoir reçu de la comtesse de Flandre, 1733 livres 6 sols 8 deniers parisis qu'elle lui devait aux foires de Lagny. — A. N. — *Or. parch. scellé.*

(V. l'acte du mois d'octobre ci-dessus).

———

1224. — Février, à Melun.

Jean, seigneur de Neelle, déclare avoir vendu à Jeanne, comtesse de Flandre, la châtellenie de Bruges et ce qu'il tenait d'elle en fief et hommage.

—Ego Joannes, dominus de Nigella, notum facio universis presentibus pariter et futuris, quod ego vendidi et quitavi hereditarie Johanne, comitisse Flandrie et Hayuonie, castellaniam Brugensem et quicquid tenebam de ea in feodum et homagium ; et me teneo pro pagato de tota summa pecunie quam habere debebam pro hac venditione. In cujus rei memoriam, presentem cartam sigilli mei munimine confirmavi. Actum Meleduni, anno Domini millesimo CC.º vicesimo quarto, mense februario. — A. N. — *Or. parch. scellé.*

1224. — 15 Mars.

Jeanne déclare qu'en vertu du mandement d'Arnoul d'Audenarde, Philippe de Wastines, Watier de Somerghem et Watier de Menin, ainsi que ses baillis de Courtrai et d'Audenarde ont fait la division de ce qui appartient à la comtesse, d'avec la terre qu'Arnoul d'Audenarde tient d'elle. — Le ruisseau qui va entre *Aulenghem* et *Auterive*, jusqu'à la paroisse de *Moudes* et de *Vendeghem*, sépare les deux terres : le domaine du seigneur d'Audenarde s'étend jusqu'à l'Escaut. — A. N. — *Cart. rouge*, pièce 80.

1225. — 11 Avril.

Le roi d'Angleterre écrit au faux Bauduin, pour le féliciter et faire alliance avec lui.

— Rex karissimo amico suo B. illustri comiti Flandrie et Hanonie, salutem et sinceram in Domino dilectionem. Audivimus quod, omnipotenti Domino vobiscum misericorditer agente, à captivitate liberati in terram vestram venistis ; ubi confluentes ad vos homines vestri vos in dominum receperunt, ut decebat. Lætati sumus gaudio magno, optantes et volentes ut eadem fœderis obligatio, qua confœderati fuisse noscuntur antecessores vestri nobiscum, mutuo et indissolubili nos et vos habeat amoris vinculo fœderatos , quod et vos ex parte vestra velitis. Sane satis est industriæ vestræ notorium quod rex Francie utrumque nostrum exhæreditavit, et optamus rogantes quatenus, pro loco et tempore, nobiscum auxilio et consilio velitis assistere contra ipsum , qui parati sumus manum auxiliarem vobis pro viribus extendere. Mittere autem velitis ad nos aliquem de vestris, de quo confideatis, qui de statu vestro , et de voluntate vestra circa præmissa nos poterit certificare. — Teste Rege , apud Westmonasterium , undecimo die aprilis. — Impr. RYMER, I. , 177.

1225. — Avril, à Melun.

Traité de Melun. — A. N. — Impr. par A. Galland , ouvrage cité , preuves, 145, 146. — Warnkœnig, I , 350.

1225. — Juillet.

Evrard Radoul , seigneur de Mortagne , promet d'acquitter et dédommager Daniel , avoué d'Arras , de la somme de deux mille cinquante livres parisis à laquelle il s'était engagé à Arras pour noble dame Jeanne, comtesse de Flandre. — A. N. — *Or. parch. scellé.*

1225. — Août.

Michel de Harnes promet d'indemniser Daniel, avoué d'Arras, du cautionnement auquel il s'était soumis pour la comtesse Jeanne envers certains bourgeois d'Arras. — A. N. — *Or. parch. scellé.*

1225. — Août.

Michel de Harnes reconnaît avoir promis à Daniel, avoué d'Arras, de lui faire avoir des lettres d'Arnoul d'Audenarde et de Radoul de Mortagne pour sûreté de la somme de 2050 livres à laquelle il s'était obligé. — A. N. — *Or. parch. scellé.*

———

1225. — Août.

Jeanne promet acquitter et dédommager Daniel, avoué d'Arras, de la caution qu'il lui avait donnée pour la somme de deux mille cinquante livres qu'elle avait empruntée à Robert Crespin, Bauduin Crespin, *Strabon* (louche) et Laurent Wagon, bourgeois d'Arras. — A. N. — *Or. parch. scellé.*

Nota. Les quatre actes ci-dessus sont relatifs aux emprunts que Jeanne avait faits pour payer la rançon de son mari.

———

1225.

Jeanne fait un accord avec les templiers d'Ypres au sujet des foires qui se tenaient dans cette ville et dans la banlieue pendant la semaine des Rogations. — A. N. — 4.ᵉ *Cart. de Flandre,* pièce 132.

Nota. Suivent trois autres pièces sur le même sujet et sur la juridiction des templiers à Ypres et celle des échevins de la même ville.

———

1225. — 25 Août , à Lille.

Jeanne pardonne aux Lillois d'avoir tenu le parti du faux Bauduin.

— J. Flandrie et Hainonie comitissa, dilectis suis , baillivo , scabinis et omnibus illis de Insula, salutem. Noverit universitas vestra quod ego , divini amoris intuitu , nos et omnes illos quos odio habebam , occasione Bertranni de Rais qui se patrem meum fecit apellari , de omni rancore et forefacto quod michi fecistis quietos clamo libere et absolute , excepto eo de quo fecistis erga alium vel alios quam erga me , excepto tantum modo corpore Bertranni predicti. Unum rogo vos quatinus ad Dominum pro me intercedere velitis et ubique intercedere faciatis. Datum Insulis, feria quinta ante festum sancti Michaelis , anno Domini M.º CC.º vicesimo quinto.

— *Archives de la ville de Lille.* Carton A. 1ᵉ Or. parch. scel rompu. — *Et Reg. aux titres K. L. M.,* f.º 1 n.º — Sur le dos de cet acte est écrit : *Pardon de la comtesse Jehenne de ceulx qui avoient esté contre elle à cause de Bertremieu de Rais qui s'estoit fait appeller son père.* »

———

1226 ou environ, sans date.

Fernand et Jeanne promettent de ne jamais rien réclamer contre le traité de Melun , si ce n'est la forteresse de Douai ; de ne jamais inquiéter le roi Louis IX , ses frères et sa mère , de ne jamais manquer au service qu'ils lui doivent et de ne faire aucune forteresse en-deçà de l'Escaut.

Ego Fernandus , Flandrie et Hainonie comes, et ego Johanna, Flandrie et Hainonie comitissa, uxor ejus , notum facimus uni-

versis presentes litteras inspecturis quod nos conventiones
subscriptas inivimus et fecimus cum karissimo domino nostro
Ludovico, rege Francorum illustri, et heredibus et fratribus ejus
et illustri regina Blancha matre ipsius, videlicet quod nos tenemur tradere domino regi litteras domini Pape continentes quod
si ego comes, vel comitissa, vel successores nostri in comitatu Flandriæ resiliremus, quod absit, de conventionibus fir-
matis inter dominum regem ex una parte et nos ex altera, Lau-
dunensis et Silvanectensis episcopi et eorum successores, infra
quadraginta dies postquam ex parte domini regis Francie fuerint super hoc requisiti per litteras aut nuncium domini regis,
promulgarent, auctoritate domini Pape, sententiam excommu-
nicationis in nos et successores nostros in comitatu Flandrie et
omnes coadjutores et fautores nostros, et sententiam interdicti
in terras nostras, coadjutorum et fautorum nostrorum, et illas
sententias tenerent et facerent teneri sine relaxatione, quoad-
usque id esset emendatum in curia domini regis ad judicium
parium Francie. Dominus rex tenebit fortericiam Duaci, in qua
garnisio sua nunc est, in manu sua, ab instanti die circumcisionis
Domini usque ad decem annos completos, ad custum nostrum per
viginti solidos parisienses de liberatione singulis diebus, cum
securitate et fidelitate ville Duacensis, ita quod in fine illorum
decem annorum, rex reddet nobis fortericiam Duaci, salvo eo quod
homines ville Duacensis renovabunt domino regi eandem securitatem et fidelitatem quam alie ville Flandrie ei fecerunt. Nos
fecimus haberi domino regi securitates et fidelitates militum,
communiarum et villarum Flandrie de quibus eas habere voluit,
quod videlicet si nos resiliremus a conventionibus in hac carta
contentis, milites et homines communiarum et villarum Flandrie,
domino regi, et heredibus, et fratribus ejus, et domine regine
matri ejus adhererent et fideliter se tenerent contra nos, nec nobis
auxilium prestarent vel consilium, quoad usque id esset emendatum in curia domini regis per judicium parium Francie. Et si qui
milites, vel homines, vel si que ville sunt qui non fecerant easdem
securitates et fidelitates, nos de ipsis eas haberi faciemus, quum
super hoc fuerimus requisiti. Si qui autem de militibus, com-
muniis vel villis Flandrie nollent facere domino regi fidelitatem

et securitatem quas alii tam milites quam ville Flandrie jam
fecerint, nos eos expelleremus de terra nostra et saisiremus
quicquid ipsi haberent sine revocare eos et sine eis tradere res
suas nisi per dominum regem, vel heredes, vel fratres suos, vel
etiam dominam reginam matrem ejus, vel homines eorum tradere
in causam, occasione alicujus rei facte ante pacem istam quin
remaneant semper in pace tenentes de omnibus hiis de quibus
dominus rex Ludovicus, bone memorie, pater ejus et homines sui
erant tenentes die qua cum eodem patre ejus conventionem fecimus de liberatione domini nostri comitis facienda. Quod factum
fuit apud Melodium, anno incarnationis dominice M.º CC.º XX.º
quinto, mense aprili, et nichil juris de cetero in hiis vendica-
bimus vel reclamabimus preterquam de fortericia Duaci, sicut
superius expressum. Nos et successores nostri non inquietabi-
mus nec guerriabimus dominum regem, nec heredes, nec
fratres suos, nec dominam reginam matrem ejus, nec heredes
eorum, nec ei deficiemus de servicio et jure faciendo, quamdiu
dominus rex velit nobis facere jus in curia sua per judicium
parium nostrorum. Nos non possumus facere fortericias novas
nec veteres inforciare in Flandria citra flumen qui dicitur
Escaus, nisi per dominum regem vel successores ejus. Has siquidem conventiones ego comes et ego comitissa predicti, tactis
sacro-sanctis, juravimus et promisimus nos bona fide fideliter et
firmiter servaturos et volumus quod ad illas similiter firmiter et
fideliter observandas teneantur per omnia heredes et successores
nostri in comitatu Flandrie. — A. N. — 1.ᵉʳ *Cart. Fl.*, pièce 553.

1226. — 21 Mai.

Promesse de plusieurs seigneurs zélandais d'entretenir le
traité de paix fait entre Jeanne et Florent, comte de Hollande.
— Or. parch. scellé. — A. N. — Imp. *Hist. critique de la
Zélande*, par Kluit, II, 460.

1226. — 12 Octobre, à Gand.

Jeanne échange avec Raoul, seigneur de Rodes, les biens qui lui appartenaient à *Melne*, *Genterode*, *Lamoronteo*, *Botelar*, *Munte*, *Melcine*, *Scilterod* et *Gentebrughe*, contre les terres de *Nieppe-Eglise* (Neuve-Eglise) et de *Malb.* et tout ce que ce seigneur y possédait, excepté la nef de Merlebecke. — A. N. — 2.ᵉ *Cart. de Flandre*, pièce 316.

1226. — 22 Octobre, à Lille.

Michel de Harnes, Watier de Formezelles et Mellin de Meterne, arbitres nommés pour terminer le différend qu'il y avait entre la comtesse Jeanne et le connétable de Flandre (Michel de Boulers), décident que la comtesse doit jouir des wastines, des prés et des eaux courantes dans la terre d'Alost, ainsi que de 123 livrées de terre à Alost qui appartiennent au connétable, etc. — A. N. — *Or. parch. scellé.* — 2.ᵉ *Cart. Fl.*, p. 574. — 8.ᵉ *id.*, p. 257.

1227.

Vidimus sous le scel des évêques de Cambrai, Tournai et Arras, de l'hommage rendu à Fernand, comte de Flandre, par Florent, comte de Hollande, à cause de la Zélande. — Promesse de quelques seigneurs d'entretenir cet accord.

(*L'acte de 1227, le vidimus de 1246*).

Guido Dei gratia Cameracensis, W. eadem gratia Tornacensis et F. eadem gratia Attrebatensis episcopi, universis presentes litteras inspecturis in Domino salutem. Noveritis quod nos litteras illustris viri Florentii, quondam comitis Hollandie, sigillo ipsius sigillatas, non cancellatas aut viciatas vidimus in hac forma. —Ego Florentius, comes Hollandie, notum facio omnibus presens scriptum inspecturis quod, inter karissimum dominum meum, Fernandum comitem Flandrie et me, talis intercessit conventio : quod ego recognovi ei omnia jura sua que antecessores sui habuerunt in terra Zelandie communia cum antecessoribus meis, hoc solo excepto quod, pro majore pacis firmitate, mihi concessit ut obsides pacis quos ipse habebit de Zelandia michi recredet super litteras meas patentes, si quos voluerim, vel ipsi obsides fidejussores insitos constituent, vel penes ipsum remanebunt. Et si de dictis obsidibus vel aliis agendis nostris ei non satisfacerem, deberet me submonere per homines suos et pares meos Brugis, coram se, et per legem et judicium deberem ei emendare. Hiis mediantibus, feci ei homagium et dictam terram Zelandie, sicut antecessores mei eam ab antecessoribus suis tenuerunt, ab ipso recepi, et omnia arrieragia et vetera que ei, vel castellano, sive alicui alii ex parte sua de dicte terre proventibus debebantur, usque ad hunc diem sospita remanebunt per has conventiones et alias in cartis nostris super hoc confectis contentas. Has siquidem conventiones et pacem bona fide juravi firmiter observare et testes qui interfuerunt feci subscribi. S. Gerardi comitis de Ghelra. S. Balduini comitis de Benthem, A. de Aud. S. Castellani de Gandavo, R. de Gavera, W. de Formeselle, B. de Harsmara, H. de Monte, W. de Thelinghem, H. de Kuet, J. de Mirlara. Actum apud Godehide, anno Domini M.º CC.ª vicesimo septimo, feria sexta post pascha.—Item litteras virorum nobilium Gerardi, comitis de Ghelra, Balduini, comitis de Benthem et Wilelmi de Thelinghem inspeximus in hac forma. — Gerardus comes de Ghelra, Balduinus comes de Benthem et Wilelmus de Thelinghem, omnibus presentes litteras inspecturis, salutem. Noverint universi quod nos bona fide promisimus domino comiti Flandrie Fernando et firmiter creantavimus quod si Florentius, comes Hollandie, veniret contra conventiones initas inter ipsos super dampnis et rapinis factis ex utraque parte, secundum quod littere eorum plenius testantur, dicto Florentio

comiti Hollandie nullum consilium vel auxililum prestaremus
adversus dictum comitem Flandrie, immo dicto comiti Flandrie
consilium et auxilium prestaremus donec dicte conventiones
plenius servarentur. In cujus rei testimonium presentes litteras
sigillis nostris sigillavimus. Actum apud Codehide anno Domini
M.º CC.º vicesimo septimo, feria sexta post pascha. — Nos igitur
in testimonium predictorum presentes litteras fecimus nostrorum sigillorum appensione muniri. Datum anno Domini M.º CC.º
quadragesimo sexto, mense decembri. — A. N. — *Or. parch.
scellé.*

1227. — A Lille, après la Trinité.

Fernand et Jeanne font donation à Arnoul d'Audenarde de ce
qui leur appartenait à *Lengesen* (Lancquesaing), en récompense
de ses services. — A. N. — *Cart. rouge*, pièce 55.

1227. — 12 Août.

Convention entre Michel de Boulers ou de Harnes, connétable
de Flandre, le comte Fernand et la comtesse Jeanne, au sujet
de la ville d'*Erembaudeghem*, des droits et priviléges du connétable, etc. — A. N. — *Or. parch. scellé.*

12

1227. — 16 Septembre, à Windsor.

Henri III, roi d'Angleterre, mande à son cher ami Fernand, comte de Flandre, qu'il lui accorde le même fief à tenir de lui que le roi Jean son père lui avait donné. — A. N. — *Or, parch. scellé.*

1227. — Novembre.

Le couvent de Ravensberg promet de faire célébrer l'office divin tous les jours dans son église, pour le comte et la comtesse, en reconnaissance de leurs bienfaits. — A. N. — *Or. parch. scellé.*

1228. — Avril, Gand.

Fernand et Jeanne règlent la forme de l'élection des échevins de la ville de Gand, chaque année, le jour de l'Assomption. — A. N. — 1.ᵉʳ *Cart. Fl.*, pièces 108 et 171.

1228. — Avril, à Courtrai.

Fernand et Jeanne consentent pour eux et leurs successeurs en faveur des échevins et bourgeois de Bruges, de ne pouvoir nommer de bailli ou d'écoutetes dans cette ville qu'il n'y soit né ou sa femme. — A. N. — 4.ᵉ *Cart. Fl.*, pièce 71.

1228. — Mai.

Fernand et Jeanne affranchissent les bourgeois de *Rodembourg* (à présent Ardembourg) du droit de tonlieu qu'ils payaient au Dam. — A. N. — 3.ᵉ *Cart. Fl.*, pièce 262.

———

1228. — 16 Juin , à Male.

Font une donation à l'abbaye de Douxval près Ardembourg. — A. N. — 2.ᵉ et 3.ᵉ *Cart. Fl.*, p. 66, 148. — Imp. MIRÆUS, III, 88.

———

1228. — 29 Juin , à Gand.

Font une donation à l'église N.-D. de Boulogne. — A. N. — *Cop. parch.* — Imp. MIRÆUS, III, 678.

———

1228. — 7 Septembre , à Ypres.

Fernand et Jeanne font une donation à Watier sire de Formeselles. — A. N. — 1.ᵉʳ *Cart. Fl.*, p. 290.

———

1228. — Septembre , à Haimon-Quesnoy (Le Quesnoy).

Fernand et Jeanne règlent la façon dont se renouvelleront les échevins de la ville de Douai tous les treize mois. — A. N. — *Or. parch. scellé et cop.*

———

1228. — 24 Novembre, à Valenciennes.

Fernand et Jeanne donnent une rente de 64 sols à l'église des Chartreux du Val-St.-Pierre (diocèse de Laon). — A. N. — 1.*er* *Cart. Hain.*, p. 90.

———

1228. — 2 Février, à Pérouse.

Bulle du pape Grégoire IX qui ordonne, à la prière du comte Fernand, de lever l'interdit mis sur la ville de Lille par l'archevêque de Rheims. — A. N. — *Or. parch.*

———

1229. — Mai, à Valenciennes.

Fernand et Jeanne donnent une rente viagère de 80 liv. et 20 livrées de terre dans la forêt de *Norechin*, à Arnoul d'Audenarde. — A. N. — *Cart. rouge*, p. 56.

———

1229. — Juin.

Hugues, châtelain de Gand, promet de ne jamais faire la guerre au comte ou à la comtesse de Flandre, tant que lui et ses frères seront traités selon les lois et jugements de la cour de Flandre, etc. — A. N. — 1.*er* *Cart. Fl.*, p. 312. — Imp. Duchesne, *Histoire de la maison de Gand*, 497.

———

1229. — Juin, à Gand.

Lettres de plusieurs barons Flamands qui promettent et jurent que si Hugues, châtelain de Gand, et ses frères, n'observent pas fidèlement le traité qu'ils ont fait avec le comte et la comtesse, ils aideront lesdits comte et comtesse, contr'eux, de tout leur pouvoir. — A. N. — *Or. parch. scellé.* — 2.ᵉ *Cart. Fl.*, p. 314.—8.ᵉ *id.*, p. 111.—Imp. *Histoire de la maison de Gand*, p. 494.

——

1229. — 3 Juin, à Dettinghen.

Henri, roi des Romains, déclare donner le comté de Namur en fief impérial à Fernand.

H. Dei gratia Romanorum rex et semper Augustus, fidelibus suis burgravio, castri et universis civitatis Namurcensis, burgravio de Bovine, burgravio de Sanson et universis consortibus et infeudatis de comitatu Namurcensi, gratiam suam et omne bonum. Recognoscentes dilecto consanguineo nostro F. comiti Flandrie comitatum Namurcensem cum omnibus attinentiis suis in feodo contulisse, prudentie vestre, regia auctoritate, precipiendum duximus et mandandum ut quum comes Namurcensis diem clausit extremum, castra, munitiones et civitates cum attinentiis, dicto comiti Flandrie assignetis libere tenenda et perpetue possidenda. Si quis vero quicquid juris in sepedicto comitatu habere se confidet coram nobis et principibus proponat et comes Flandrie plenam ei justiciam exhibebit. Datum apud Detinghem, tertio nonarum junii, indictione secunda. — A. N. — *Cop. parch.*

——

1229. — Juillet.

Jeanne confirme la donation faite par Philippe, comte de Vermandois, au chapitre de Saint-Pierre, à Aire, d'un marais que ce chapitre avait fait dessécher à ses dépens dans le territoire de Bourbourg. — A. N. — 2.ᵉ *Cart. Fl.*, p. 166. — 4.ᵉ *id.*, p. 99.

1229. — Janvier.

Watier, châtelain de Douai, déclare que les comte et comtesse de Flandre ayant déchargé Agnès, châtelaine de Douai, sa mère, de la garde des prisons de la ville de Douai qui lui appartenait à raison de sa dot, Watier se charge d'en avoir le soin; et s'il ne s'en acquitte pas bien, il consent que les comte et comtesse s'emparent de tous les fiefs qu'il tient d'eux jusqu'à ce qu'ils soient contents. — A. N. — *Or. parch. scellé.*

1229. — 16 Janvier, à Lille.

Jeanne garantit à Robert, avoué de Béthune, le paiement d'une somme de mille livres parisis, pour laquelle il s'était rendu caution en sa faveur, envers Watier, Pilate, Jean de *Foro*, Gui Audefroy et Jean *Pain-Mouillet*, bourgeois de Douai. — A. N. — *Or. parch. scellé.*

1229.

Fernand et Jeanne donnent à Boidin, *dit* de Wiesberkin (Vieux-Berquin), leur clerc ou à ses hoirs, huit mesures de terre à Longewées. — A. N. — 4.ᵉ *Cart. Fl.*, pièces 45 et 177.

1229.

Fernand et Jeanne font une donation à l'abbaye d'*Alne*, ordre de Citaux.

1230. — Mai.

Fernand et Jeanne font donation à Jean de *Foro*, bourgeois de Douai, en récompense des services qu'il leur a rendus, de 60 muids de brai à prendre tous les ans sur le moulin de brai, à Douai. — A. N. — 1.er *Cart. Fl.*, p. 22.

1230. — 8 Juin.

Accord entre Thibaut, comte de Champagne et de Brie, et Fernand, comte de Flandre, au sujet du commandement de l'avant-garde et de l'arrière-garde de l'armée française.

Ego T., Campanie et Brie comes palatinus, notum facio universis presentes litteras inspecturis quod cum esset controversia inter me ex una parte, et karissimum consanguineum meum F. comitem Flandrie ex altera, de antegarda et retrogarda in exercitum domini regis faciendis, ita, ad preces karissimi domini nostri Ludovici regis Francie illustris, ad concordiam sumus revocati quantum ad antegardam et retrogardam faciendas ad presens in exercitum domini regis predicti in Britannia; scilicet quod dictus comes Flandrie semel faciet antegardam in exercitu domini regis eundo in Britanniam et bis retrogardam, quia ego feceram similiter in dicto exercitu domini regis: deinde in eodem exercitu, in eando in Britanniam, simul faciemus antegardam et

retrogardam. Nec autem omnia fient salvo jure meo et salvo jure
F. comitis Flandrie, tam in saisina quam in hereditate, ita scilicet
quod illud quod jam feceram non prejudicabit comiti Flandrie,
nec illud quod facturus erit comes Flandrie prejudicabit michi.
Actum anno gratie M.º CC.º tricesimo, die sabbati ante festum
sancti Barnabe apostoli. — A. N. — *Or. parch. scellé.*

1230. — Mars.

Testament du Comte Fernand.

In nomine patris et filii et spiritus sancti. Ego Fernandus
Flandrie et Hainonie comes : diligenter attendens quod nichil
est morte certius et quod nichil incertius hora mortis, ventoque
vita hominis comparetur, in plena vita mea sanus et incolumis
et per omnia compos mentis mee, in presentia proborum virorum et de consilio eorumdem, ordinavi testamentum meum et
scripto firmavi prout inferius exprimetur. Volo siquidem inprimis ut debita mea, si qua post mortem meam remanebo debens
de quibus constabit legitime, de paratioribus bonis meis, tam de
terra Flandrie, quam de terra Hainonie plenarie persolvantur.
Insuper assigno decem milia librarum distribuenda in restitutiones et in elemosinas pro me faciendas prout ego ordinabo; et si
forsitan aliquo casu contingat quod ego ad plenum non ordinavero modos restitutionum et elemosinarum quibus dispono fieri
de pecunia memorata, illi quibus executionem presentis testamenti committam super hiis ordinent et disponant prout saluti
anime mee viderint melius expedire. Predicta vero decem milia
librarum ad nemora de Mormalio et ad omnia alia nemora Hainonie solvantur infra duos annos vel tres, nec successor meus
in eisdem locis accipiat aliquid nisi de assensu testamentariorum
meorum donec predicta summa pecunie fuerit plenarie persoluta.
Volo autem ut de eisdem decem milibus librarum, octo milia
librarum in restitutiones et duo milia distribuantur in elemosinas,

ita tamen quod si octo milia librarum non sufficiant ad restitutiones pro me faciendas, de residuis duobus milibus librarum
tamen sumatur, ut sufficienter restitutio pro me fiat; et si, domino
volente, contingat quod necesse non fuerit octo milia librarum
totaliter in restitutiones distribui, quod de eisdem octo milibus
librarum, peracta restitutione, erit residuum, addetur predictis
duobus milibus libris ad elemosinas augmentandas. Preterea ego
et karissima uxor mea, Johanna, Flandrie et Hainonie comitissa,
preter redditus et possessiones quos dudum contulimus monasterio de Reclinatorio beate Marie quod nos et ipsa extra Insu-
lam fundavimus, de novo, redditus quadringentarum librarum
eidem monasterio, nomine testamenti, de communi consensu et
communi dono assignamus post mortem alterius nostrum in
perpetuum pacifice possidendos. Quorum reddituum ducentas
libras assignamus apud Dam juxta Brugis, et residuas ducentas
libras apud Hainonis-Quercetum, de paratoribus redditibus, seu
proventibus nostris annuatim solvendas, ita tamen quod predictos redditus quadragintarum librarum, ad commodum nostrum,
prout nobis placuerit, in alio loco assignare poterimus monasterio
memorato; et si a nobis, in vita nostra, idem quadragintarum
librarum redditus non fuerint in loco alio assignati, nichilominus
successor noster, si velit, eosdem redditus rehabere poterit, si
predicto monasterio dederit excambium competens, secundum
estimationem venerabilium abbatum de Camberone et de Laude,
ita vero quod hoc fiat de assensu et voluntate abbatisse supra-
dicti monasterii de reclinatorio beate Marie. Preter predictos vero
redditus quadringentarum librarum, ego, de speciali dono meo,
centum librarum redditus ad scakarium Furnensem sumendos
assigno, pro salute anime mee, diversis religiosis domibus confe-
rendos prout ego, volente domino, ordinabo; et si forsitan ad plenum non ordinavero quibus locis idem centum librarum redditus
conferantur, testamentarii mei super hiis ordinent, prout saluti
anime mee viderint expedire. Preterea juella mea et ea que
pertinent ad stabulum, mensam, coquinam et cameram meam,
ponantur in manus testamentariorum meorum, nisi inde aliquid
expresse fuerit per me ordinatum, atque vendantur ut mei executores testamenti expensas accipiant et residuum in usus paupe-

rum convertatur. Et ut scriptum presens robur obtineat firmi-
tatis, ipsum sigillo meo et sigillo karissime uxoris mee Johanne,
comitisse Flandrie et Hainonie, duxi roborandum, anno Domini
M.º CC:º XXX.º, mense martio. — A. N. — *Or. parch.* — *Les
sceaux manquent.*

1231. — Avril.

Hubert, abbé de St.-Amand en Pevèle, déclare que Fernand
et Jeanne ont accordé à son instante prière que les échevins de
Neuville (sur l'Escaut) et du lieu St.-Amand soient aussi échevins de l'église, qu'ils soient conservateurs de ses droits et de
ceux des comtes et comtesses de Flandre ; et s'ils ont des doutes
sur quelque point, qu'ils aillent à l'enquête à Valenciennes. —
A. N. — *Or. Parch. scellé.*

1231. — Août.

Fernand et Jeanne donnent à l'abbaye de Maroilles le droit de
pêche dans la Sambre entre le bois de Mormal et le territoire
de cette abbaye, etc. — A. N. — *Copie en parch.*

1231. — 27 Septembre, à Ypres.

Bauduin, comte de Guines, cède aux comte et comtesse de
Flandre tous les droits et prétentions qui pouvaient lui apparte-
nir dans le comté d'Alost, se réservant seulement ce dont il était
en possession. — A. N. — *Or. parch. scellé.*

Nota. Les droits que Bauduin, comte de Guines, III.ᵉ du nom, pouvait avoir sur le comté d'Alost, lui provenaient de Béatrix, châtelaine de Bourbourg, sa mère, fille de Gautier et de Mahaut de Béthune.

1231. — Janvier, à Male.

Fernand et Jeanne déclarent qu'ils sont avoués héréditaires de l'abbaye de Ninove et confirment les possessions et privilèges de ladite abbaye. — A. N. — *Reg. des chartes.*

1231. — Janvier, à St.-Quentin.

Lettres par lesquelles Robert, comte de Dreux et Aanor de St.-Valeri, sa femme, remettent à Fernand et à Jeanne tous les fiefs qu'ils tenaient d'eux en France, et ce moyennant une rente annuelle de 80 livres monnaie de Flandre. — A. N. — *Or. Parch. scellé et 2ᵉ cart. de Flandre*, pièce 388.

1231. — Mars.

Jeanne règle les charges et attributions du bouteiller de Hainaut.

Johanna, Flandrie et Hanonie comitissa, omnibus presentes litteras inspecturis salutem in domino. Noverint universi quod cum Hellinus, miles, dominus de Alneto, ex parte uxoris sue, in curia nostra, jura quadam ad buticulariam Hanonie pertinentia diceret se habere, quibus ex parte usus fuerat in tempore meo, quibusdam autem aliis usus non fuerat; ego super hiis volens inquirere veritatem a quibusdam nobilibus viris et antiquioribus terre mee, videlicet Waltero de Kieversing, Alardo de Estrepy et Balduino de Lobiis, senescalo Valenchenensi, militibus, per fidelitatem quam mihi fecerant et debebant adjuratis, ex eorum fideli et concordi testimonio intellexi : quod Walterus de Alneto, pater uxoris predicti Hellini, buticularius fuit in tota Hanonia ultra aquam de Morchinpont et citra, et ratione buticularie habebat, de quo comitem serviebat in Pentecostis et Natali, et in eisdem festis dabantur eidem tales vestes à comite et talis capa forrata in hyeme, quales comes suis militibus conferebat; et talia vadia deliberabantur eidem in curia qualia militibus ipsius comitis dabantur. Eodem autem jure usus fuerat avunculus ejus, silicet Egidius de Alneto qui advocatus fuerat uxoris Hellini predicti. In quorum perpetuam memoriam et etiam firmitatem, presentes litteras feci scribi et sigilli mei munimine roborari. Actum Valencheni, anno Domini millesimo ducentesimo tricesimo primo, mense martio. — A. N. — 2.ᵉ *cart. de Hainaut*, pièce 117.

Il existe deux autres actes concernant les droits du bouteiller de Hainaut, des mois de mars et novembre 1237, *même cart.*, pièces 115 *et* 118.

1232. — 18 Juillet, à Male.

Jeanne, comtesse de Flandre, ordonne l'observation des anciens usages et coutumes concernant les briefs de Bruges dits *Biens de Lambert*. — A. N. — *Cop. et parch.* — Imp. WARN-KOENIG. *Hist. de Fl.* 11-457.

1232. — Août.

Fernand et Jeanne exemptent les habitants de *Léederzelle* et ceux qui tiennent des terres d'eux à *Bollinzelle* ou qui viendront y demeurer, de toute taille, exaction, redevances et forfaits, excepté de l'incendie, du viol des femmes et du vol, et promettent de les traiter suivant les lois, coutumes et priviléges établis par Philippe comte de Flandre. — Tous les baillis et échevins de ces villages seront tenus de prêter serment de fidélité au comte avant de prendre possession de leurs offices. — A. N. — *Cart. de Fl.* piéces 558 et 618.

Nota. Les villages ci-dessus fesaient partie de la châtellenie de Cassel.

———

1232. — 1ᵉʳ. Novembre, à Cambrai.

Accord entre Henri, marquis de Namur, et Marguerite sa femme d'une part, et Fernand et Jeanne d'autre part, par lequel Henri cède à Fernand Vieuville et Golezines et déclare qu'il tiendra son marquisat de Namur en fief du Hainaut.

Henricus, marchio Namurcensis et comes Vienne, et Margareta uxor ejus, marchissa Namurcensis et comitissa Vienne, omnibus presentes litteras inspecturis, salutem in domino. Noverit universitas vestra quod cum contentio esset inter illustrem virum Fernandum, comitem Flandrie et Hannonie, et illustrem dominam Johannam comitissam Flandrie et Hannonie, ejus uxorem, ex parte una, et nos, ex altera, super comitatu Namurcensi quem petebant predicti a nobis, tandem mediantibus magnis viris, composuimus in hunc modum : quod nos quitavimus eis in perpetuum Vieville et Golosines et totum doarium quod, bone memorie, comitissa quondam Namurcencis et ducissa de Lovaing, filia inclite recordationis, Philippi, Francorum regis, et soror nobilis

viri Philippi, comitis Bononie, tenuit infra comitatum Namurcensem abipsis et eorum heredibus pacifice perpetuo possidenda.
Ipsi autem nichil poterunt reclamare de cetero in residuo comitatu Namurcensi, nec in terra quam tenuit in Flandria et Hanonia, bone memorie, Philippus, frater nostri comitisse Vienne,
nisi per successionem vel excantiam debitam et legitimam deve-
niret; ad eos et nos ad homagium ligium pro dicta terra tenemur
eisdem, et ipsi nos et heredes nostros qui de corporibus nostris
exierunt vel exibunt vel descendent, recipient in homines de
predictis, salvo omni jure, bona fide; et sciendum quod si hom-
nes ipsorum de corpore vel advocatia in terra nostra transsie-
rint, comes et comitissa Flandrie et Hanonie predicti eos sequi
vel repetere non poterunt. Remanentie autem eorum transseun-
tium penes ipsos dominos à quibus receserunt vel recesserint
remanebunt. De allodiis autem sic erit : quod qui allodium habue-
ret sub nobis non poterit illud recipere a comite et comitissa
Flandrie memoratis : de fortaliciis autem novis faciendis inter
Golesines et Namurcum, comes Flandrie debet se ducere per
consilium comitisse Flandrie. In cujus rei testimonium presentes
litteras sigillorum nostrorum munimine fecimus roborari. Actum
apud Cameracum, in die omnium sanctorum, anno Domini M°CC°
XXX° secundo, mense novembri. — A. N. — *Or. parch. scellé.*

1232. — 1er. Novembre, à Cambrai.

Philippe, comte de Boulogne, déclare que par sa médiation
et celle de plusieurs grands personnages l'accord ci-dessus a été
conclu entre les comtes de Namur et de Flandre. — A. N. —
Or. parch. scellé.

Même date. Pareilles lettres de Henri, archevêque de Reims.
— A. N. — *Or. parch. scellé.*

Même date. Pareilles lettres de Milon, évêque de Bauvais.
— A. N. — *Or. parch. scellé.*

1232.

Jeanne et Fernand approuvent la fondation et la dotation de
de l'abbaye de Grant-Pré. — Imp. MIRÆUS. I. 308.

———

1832. — 9 Décembre, à Cassel.

Lettres par lesquelles Jeanne, comtesse de Flandre et de
Hainaut et P. de Colmieu, prevôt de l'église de S.t-Omer, déclarent qu'ayant été choisis comme arbitres pour terminer la
difficulté qu'il y avait entre Fernand, comte de Flandre, et la
comtesse Jeanne sa femme d'une part; Willaume prevôt et les
doyens et chapitres de S.t-Donat à Bruges d'autre part, ils pro-
noncent ce qui suit : etc. *Or. parch. scellé.* — A. N. — Imp.
MIRÆUS, *Opera diplomat.* II. 1218.

———

1233. — Juillet.

Fernand et Jeanne confirment la vente faite par Élie, clerc,
et Jean de Lille, leur sergent, de 200 bonniers de *Wastinnes*
situés à *Alstoet* près Caprick. Ils accordent à ceux qui demeure-
reront dans ces *Wastinnes* le privilège de ne pouvoir être traduits en justice par leurs baillis ni à Bruges ni à Gand, mais
seulement audit lieu d'*Alstoet* ou à Ravenstoet.

Les mêmes accordent à perpétuité 250 bonniers de *Wastinnes*
à *Aelstoet* à *Riquard Bueniy* de *Flessinghes* et *Willaume Land-
metre.* — A. N. — *Regis. Ch.* (Sous une confirmation de Louis
de Male du 16 mars 1366, à Gand).

1233.

Jeanne fonde à Bruges l'abbaye des dominicains. — Imp. MI-
RÆUS. I. 310.

***

1233. — Juillet.

Lettres par lesquelles P. prévot, R. doyen, et tout le chapitre de l'église de Cambrai déclarent que pour ratifier le traité
fait entre eux d'une part, et les comte et comtesse de Flandre et
de Hainaut d'autre part, ils sont convenus avec l'archidiacre de
Châlons, le prévôt de Bruges et le prévôt de St.-Omer, au nom
du comte, qu'ils reprendront l'avouerie des villes d'Onnaing et
Quaroube pendant deux ans, que les choses resteront dans l'état
où elles étaient avant la paix faite entre les comte et comtesse
de Flandre, les comte et comtesse de Namur, sauf que si le
comte de Flandre croit avoir droit d'y prétendre davantage, il
pourra le demander sans violence. — Les commissaires du
comte ont protesté et déclaré que l'absolution qu'ils demandaient au chapitre à cause de l'excommunication que ledit chapitre avait lancé contre Fernand, ne pourrait porter à ce prince
aucun préjudice, que les choses resteraient au point où elles
étaient avant l'excommunication du comte et que le comte et la
comtesse de Namur ne pourraient jamais prétendre à cette
avouerie. — A. N. — *Or. parch. scellé.* — 2ᵉ *Cart. Fl.* pièce 602.

***

1233. — 3 Août, à Lille.

Accord entre Jeanne et Franco de Maldeghem, prévôt de
Bruges, chancellier de Flandre, par lequel la comtesse déclare

que le prévot aura toujours son sceau et qu'il le portera en Flandre, Hainaut et ailleurs où la comtesse ira. etc. — A. N. — *Or. parch. scellé.* — Imp. WARNKOENIG. *Hist. de la Fl.* II. 439.

———

1233. — Août et septembre.

Jeanne fait diverses donations aux hôpitaux de St.-Jean à Bruges, Notre-Dame à Gand, d'Ypres, d'Audenarde, maladrerie de Lille dite de Canteleu, St.-Sauveur à Lille, et ce en exécution du testament de son mari Fernand. — A. N. — 2.e *et* 3.e *cart. de Flandre.* — Les trois premiers actes imp. MIRÆUS. III. pp. 13. IV 275-276.

———

1233. — Novembre.

Jeanne exempte l'abbaye de Marquette de tous droits de tonlieu, péage, vinage, etc. — A. N. — 1.er *cart. Fl.* — Imp. MIRÆUS. III, 394.

———

1233. — Novembre, à Lille.

Mandement de la comtesse Jeanne à tous les receveurs des tonlieux, vinages, passages, etc., tant dans les foires que dans les comtés de Flandre et de Hainaut, de ne rien demander aux

personnes qui lui montreraient les lettres qu'elle a accordées à
l'abbaye de Marquette fondée par elle et feu son mari Fernand.
— A. N. — *Reg. des ch. 9 f.º 41.*

Même date. — Différentes exemptions à la même abbaye.

———

1233. — 27 Décembre.

Jeanne mande à ses receveurs du tonlieu, à Lille, de payer
tous les ans à l'église St.-Antoine à Paris vingt livres qu'elle lui
avait données et assignées sur le tonlieu de Lille pendant la
foire. — A. N. — *Or. parch. scellé.* — 3.ª *cart. pièce* 234.

———

1232. — Novembre.

Jeanne fait une donation annuelle de huit livres, monnaie de
Flandre, à l'église Notre-Dame de Boulogne. — A. N. — *Sous
un vidimus du 15 Juillet 1363 des maires et échevins de la ville de
Boulogne.*

———

1234. — Mai.

Jeanne donne à l'abbaye de Flines, nommé l'Honneur-Notre-
Dame, dix livres monnaie de Flandre à recevoir annuellement
sur le tonlieu de Lille, à la foire. — A. N. — 2.ª *cart. Fl.* pièce
99. 3.ª *id.* p. 230.

Même date. — Confirmation d'une donation annuelle de cent
livres, faite par Marguerite, sa sœur, à la même abbaye.

1234. — Août.

Jeanne, pour accomplir les promesses de Fernand son mari, donne à l'abbaye de *Douxval (Soetendal)*, dont ils étaient tous les deux fondateurs, trente bonniers de terre en la paroisse de Mourkerke. — A. N. — 1.er *cart. Fl.* Pièce 67. — 3.e *id.* p. 149. — *Imp.* MIRÆUS, III, 88.

———

1234. — Janvier, à Asnières.

Acte de l'accord juré entre Bouchard d'Avesnes et ses enfants d'une part, et Jeanne comtesse de Flandre, Marguerite sa sœur et les enfants que cette dernière avait eus de Guillaume de Dampierre, d'autre part.

Ego Bochardus de Avesnis et nos Johannes et Baldiwinus de Avesnis, filii ejus, notum facimus universis presentes litteras inspecturis, quod cum inter nos, ex una parte, et nobilem mulierem Johannem, Flandrie et Hannonie comitissam, Margaretam, dominam de Dampetra, sororem ejus, matrem nostram, (Johannis et Baldiwini) et filios et filias quas suscepit de viro nobili quondam Wilelmo, domino de Dampetra, ex altera, discordia esset orta, et tandem, mediantibus bonis viris, facta fuit bona pax et concordia in hunc modum. De terra quam prefata Margareta, domina de Dampetra, tenet de propria hereditate sua, accipiet ipsa quingentas libratas ad faciendam voluntatem suam et residuum debet estimari per bonos viros et dividi in septem partes equales: de quibus, due partes erunt nostre, (Johannis et Baldiwini), post decessum ipsius Margarete, matris nostre, et residue quinque partes erunt filiorum et filiarum quos suscepit de domino Wilelmo de Dampetra, post decessum ipsius similiter; et illas duas partes quas nos (Johannes et Baldiwinus) debemus habere, debet domina comitissa Flandrie assignare, ad voluntatem suam, ubi magis viderit expedire, infra hereditatem predicte Margarete, domine de Dampetra; et si forte contingeret quod, post diem hujus pacis facte, unus vel plures de filiis aut filiabus predicti domini Wilelmi de Dampetra obirent, pars illius vel partes illorum qui ita decederent ad superstites fratres germanos et sorores germanas redirent. Similiter si obire contingeret alterum nostrum, (Johannis et Baldiwini), pars ejus ad alium fratrem germanum rediret. Et, non obstante ista pace et divisione, retinet dicta Margareta de Dampetra, mater nostra (J. et B.) potestatem, in hereditate predicta, donandi elemosinas suas sicut ante habebat, ita tamen quod si aliquas faceret elemosinas, irent communiter et equaliter super septem partes ante nominatas. Pacem istam et concordiam in omnibus firmiter et fideliter observare, nos, prius sufficienter probata in curia domine comitisse Flandrie et Hanonnie etate nostra, (Johannis et Baldiwini), et per judicium hominum dicte comitisse legitime judicata, laudamus et juramus coram dominis nostris, videlicet coram domina comitissa Flandrie que est prima et proxima domina hereditatis predicte et feodi, et coram domino rege Francie qui superior est dominus feodi Flandrie; et idem debemus jurare et laudare coram domino episcopo Leodiensi qui superior est dominus feodi Hanonie, tali scilicet modo quod nichil de cetero poterimus reclamare in hereditate jam dicta preter id quod assignatum fuerit nobis per pacem et divisionem predictam, nec querelam movere poterimus contra dominam comitissam Flandrie, vel suos, aut contra Margaretam, sororem ejus, matrem nostram, (J. et B.), vel contra dictos filios et filias domini Wilelmi de Dampetra vel suos, sed pacem dicte comitisse et suis et prenominate Margarete et supradictis filiis et filiabus dicti Wilelmi et suis debemus in posterum tenere. Et ego Bochardus de Avesnis per me feci securitatem eandem, et de hiis omnibus firmiter observandis, dominus rex et domina comitissa Flandrie dederunt ad petitionem nostram litteras suas: ita quod si nos iremus contra pacem predictam, de cetero non haberemus audientiam in curiis eorum de querela de qua pax facta est, sicut est supradictum, et sub eadem forma debemus querere litteras domini episcopi Leodiensis. Et si alter nostrum, (Johannis et Baldiwini)

vel etiam ambo, veniremus contra eandem, domina comitissa
Flandrie saisiret partem vel partes nostras assignatas nobis, vel
illi qui contraveniret ad opus filiorum et filiarum domini Wilelmi de Dampetra. Pacem istam laudavimus et juravimus, quantum
pertinet ad christianitatem nostram, coram domino archiepiscopo
Remensi et suffraganeis ejus et domino episcopo Leodiensi, et eis
christianitates nostras taliter obligavimus, quod si iremus contra
pacem predictam, et de hoc constaret per bonam veritatem, archiepiscopo Remensi aut domino episcopo Cameracensi, aut episcopo Attrebatensi, aut episcopo Morinensi, aut episcopo Tornacensi, dominus archiepiscopus vel episcopus cui sic constaret, excommunicaret illum vel illos qui contra pacem venirent, sine ap-
pellatione, et archiepiscopus Remensis, vel quilibet episcopo-
rum qui supra notati sunt, daret litteras suas quod ipsum vel ipsos denunciaret excommunicatos per suas dioceses ad testimonium et denunciationem illius episcopi cui, sicut dictum est,
constaret. Preterea, idem archiepiscopus vel episcopi debent
scribere domino pape et testari quod nos pacem istam ser-
vare in eorum presentia juravimus. Insuper ego Bochardus juravi quod, bona fide, dabo operam ad hoc, quod dominus papa
confirmet pacem istam, et eidem supplicabo per litteras meas to-
tam pacem continentes ut eam confirmet et per exequutores, ap-
pellatione remota, eandem pacem faciat per censuram ecclesias-
ticam inviolabiliter observari. Istam pacem tenere similiter juraverunt Th. de Huffalise et Henricus filius ejus, Th. de Wale-
cort et duo filii ejus, Nicholaüs de Ruminiaco et duo fratres
ejus et duo filii ejus majores natu, A. domina de Roseto et Ro-
gerus filius ejus, comitissa de Cioniaco, soror mei Bochardi, et
filie ejus, Jacobus de Grandi-Prato, Castellanus de Sancto-
Audomaro et W. frater ejus, Hugo de Antonio, Arnulphus de
Mauritania, Sigerus de Angien et duo filii ejus ante-nati, Philippus de Creki et frater ejus major natu post eum et Arnulphus de
Longo-Villari. Omnes isti, sicut sunt nominati, juraverunt, sicut
dictum est, pacem istam tenere et etiam juraverunt quod si nos
vel alter nostrum veniremus contra pacem prefatam, eis vel ei
qui contraveniret, ut dictum est, non essent in auxilium nec in
consilium, et christianitates suas obligaverunt predictis archie-

piscopo et episcopis tali modo; et etiam litteras suas dederunt patentes, quod si forte contingeret quod nos vel alter nostrum iremus contra pacem predictam et aliquis predictorum qui pacem juraverunt, ut dictum est, esset nos adjuvans vel confortans, et de hoc constaret per bonam veritatem archiepisco Remensi vel uni de subnotatis episcopis, videlicet episcopo Cameracensi, aut episcopo Attrebatensi, aut episcopo Morinensi, aut episcopo Tornacensi, ille cui, sicut dictum est, constaret, excommunicaret eum. Et est sciendum quod nos et omnes ostagii predicti renuntiavimus omni appelationi, supplicationni et omni amminiculo juris, et omnes alii ad testimonium et denuntiationem illius, deoutiarent illos vel illum excommunicatum per suas dioceses usque ad satisfactionem condignam. Similiter dominus Walterus, comes Blesensis, promisit in fide quam domine comitisse Flandrie debet tanquam domine sue, pacem istam tenere hoc modo, quod si nos vel alter nostrum iret contra pacem eandem, ipse, nec in auxilium, nec in consilium esset eis vel ei qui contra pacem veniret, immo saisiret feodum quod ego Bochardus teneo de ipso, nec promitteret nos gaudere eodem feodo vel valorem habere ejusdem quousque hoc emendassemus per dominam comitissam Flandrie vel ejus heredem. Et si forte comitem Blesensem obire contingeret, heres ejus ad ea facienda que dicta sunt teneretur. Petiit etiam dictus comes ab archiepiscopo Remensi et episcopo Silvanectensi, qui erant presentes, ut omnia que promiserat ut dictum est, suis testificarentur litteris et sigillis. Sciendum est similiter, quod domina comitissa Flandrie, soror ejus, mater nostra, (J. et B.) et amici filiorum et filiarum domini Wilelmi de Dampetra, videlicet dominus Archembaldus, Guido frater ejus, Willelmus de Merlota et Drogo frater ejus, J. comes Carnotensis et dominus G. de Aspero-Monte juraverunt pacem istam tenere et firmiter observare; ita quod si dicti pueri vel aliquis eorum iret contra pacem eandem, ipsi omnes nec in auxilium nec in consilium eis essent. Dicti quoque filii domini Wilelmi laudabunt et jurabunt coram domino rege et coram comitissa Flandrie et coram domino episcopo Leodiensi, cum etatem legitimam habuerint, pacem istam tenere et firmiter observare, ita quod ille vel illi qui contravenirent non deberent audiri in curia domini regis, vel comitisse Flandrie, vel episcopi Leodiensis super querela de qua pax facta est, sicut est prenotatum. Et de hoc debent, per se vel per amicos suos, querere litteras domini regis et aliorum dominorum qui nominati sunt supra. Ut autem memoriter teneatur et firmiter observetur continentia dicte pacis, domina comitissa Flandrie et Hannonie et M. soror ejus, mater nostra (J. et B.) et nos, sicut facta est coram eadem comitisa Flandrie, fideliter et plene conscriptam propriis confirmavimus sigillis. Actum apud Asnerias, feria VI post octavam epyphanie, anno Domini millesimo ducentesimo tricesimo quarto, mense januario. — A. N. — *Or, parch. scellé des sceaux de Jeanne, de Marguerite sa sœur, de Bouchard d'Avesnes, de Jean et Bauduin d'Avesnes ses fils. Bouchard est représenté armé de toutes ses pièces, sur un palefroi au galop.*

1234. — Janvier, à Asnières.

Confirmation de l'accord ci-dessus par le roi de France Louis IX, comme suzerain de la Flandre. — A. N. — *Or. parch. scellé.*

1234. — Février, à Binch.

Confirmation de l'accord ci-dessus par l'évêque de Liége comme suzerain du Hainaut. — A. N. — *Or. parch. scellé.*

1234.

Lettres par lesquelles Jeanne détermine les droits et prérogatives du dépensier héréditaire de Flandre. — A. N. — 4.e cart. Fl. pièce 19. — *Cart. oblong. fol.* 14. — *Imp.* WARNKOENIG, *Hist. de la Flandre*, II , 440.

1235. — Janvier, à Lille.

Lettres par lesquelles la comtesse Jeanne déclare que, voulant préserver l'église des dunes tant du danger de la mer que du dommage des laïcs , elle donne à toujours à cette abbaye trois cent soixante verges de terre depuis l'extrémité de la *basilique* de cette abbaye du côté de l'orient, et depuis l'autre extrémité du côté de l'occident, deux cent quarante-deux verges mesurées à la grande verge de Flandre , avec la *basilique* qui est de trente verges ; et veut que du côté du midi jusqu'à la fin des dunes et du côté du nord jusqu'à la mer , le terrain donné soit de même largeur que la susdite longueur de six cent trente-deux verges. La comtesse s'y réserve la justice , etc., etc. — A. N.— 1.re *cart. de Flandre*, pièce 127.

1235. — Février, à Courtrai.

Bauduin *de Pratis* (des Prez), chevalier, déclare qu'y ayant eu difficulté entre la comtesse Jeanne et lui, sur ce qu'elle prétendait pouvoir établir un sergent à Zomerghem, pour y conserver ses droits dans les plaids qui s'y tenaient, ce que Bauduin refusait, il reconnait que la comtesse Jeanne peut y établir un sergent , mais qu'il a le droit d'y tenir les plaids. — A. N. — *Or. en parch. scellé.*

1235. — Mai.

Jeanne donne des lois aux échevins, jurés et communautés de la ville de Lille. — A. N. — *Cop. parch.*

———

1235. — Septembre.

Jeanne, choisie pour arbitre à l'effet de terminer les contestations qu'il y avait entre les doyen, chanoines et chapitre de Saint-Géri à Cambrai d'une part, et Gérard, seigneur de Busigny d'autre part, prononce le jugement suivant, etc. — A. N. — *Or. parch. scellé.*

———

1235. — Septembre.

Lettres de Jeanne par lesquelles elle mande aux échevins, jurés et communauté de Gravelines, qu'à leur prière elle consent que l'hopital de cette ville ait des barques sur la rivière pour passer *gratis* ceux qui le demanderont. Il y aura sur la barque un tronc où les passagers pourront déposer leur offrande en faveur de l'hopital, etc. — A. N. — *4.e cart. Fl.* pièce 251.

———

1236. — Janvier.

Lettres par lesquelles Sibille, dame de Beaujeu, renonce à tout le droit qu'elle pouvait avoir contre Jeanne, comtesse de

Flandre, qui avait promis de lui faire payer annuellement sur le tonlieu de Lille deux cents livres, monnaie de Flandre, pendant sa vie, et cent livres une fois seulement après sa mort. Elle renonce aussi à tout ce qui pouvait lui revenir par succession ou autrement. — A. N. — *Orig. en parch. scellé.*

1256. — Mars.

Lettres de la comtesse Jeanne au sujet de l'hôpital Notre-Dame, dit hôpital-comtesse à Lille. — A. N. — *Copie authentique en parch.*

1236. — Mars.

Lettres par lesquelles la comtesse Jeanne consent que le chapitre de sa chapelle de Notre-Dame de la Salle, à Valenciennes, aille se placer, en cette ville, dans un endroit plus commode, à condition que deux chapelains, s'il est nécessaire, ou un seul, célébreront tous les jours dans cette chapelle la messe et les heures canoniales, comme cela s'observe dans les chapelles de la comtesse en Hainaut. — A. N. — *Cop. simple en parch.*

1237. — 31 Mars.

Bulle du pape Grégoire IX adressée aux évêques de Tournai, et de Cambrai et à M.ᵉ Gérard, chanoine de Tournai, par laquelle il leur mande qu'il confirme ce qu'avait fait I. (Innocent III), son prédécesseur, au sujet de ce qui s'était passé entre

Bouchard d'Avesnes et Marguerite, sœur de la comtesse de
Flandre, et regarde comme illégitimes les enfants qu'ils ont eus.
— A. N. — *Orig. en parch. scellé.*

———

1236. — Septembre.

Lettres par lesquelles la comtesse Jeanne déclare avoir fondé
un hopital pour les pauvres malades à Lille, près de sa maison,
en l'honneur de Notre-Dame, et lui avoir donné le terrain où il
est situé ; tout ce qui est au de-là des murs de sa maison et de la
chapelle de Notre-Dame jusqu'à la rivière, du côté du midi et
vers l'orient; la chambre qu'elle y a bâtie; tout le terrain jusqu'au manoir de Hugues de la Porte; la maison dudit Hugues
et celle de Jean Argent, etc., etc.— A. N. —*Or. en parch. scellé.*

———

1237 — Novembre.

Thomas, (de Savoie), comte de Flandre et Hainaut, confirme
les lettres de la comtesse Jeanne sa femme, en date de novembre
1233, concernant les droits du grand bouteillier de Hainaut. —
A. N. — *2.ᵉ cart. de Fl.* Pièce 116.

———

1237 — Décembre, à Compiègne.

Lettres par lesquelles Thomas, comte de Flandre et de Hainaut,
et Jeanne sa femme, font hommage au roi du comté de Flandre

et promettent de lui remettre les lettres du pape qui portent que, s'ils ne veulent pas tenir les conventions faites avec le roi, les évêques de Laon et de Senlis pourront lancer, par autorité du pape, une sentence d'excommunication contre eux, leurs successeurs en Flandre et leurs fauteurs, et mettre en interdit toutes les terres qui leur appartiennent, etc., etc. — A. N. — *Orig. en parch. scellé.* — Imp. *dans le Traité du droit du roi, sur les villes et châtellenies de Lille, Douai et Orchies, par* AUGUSTE GALLAND, preuves. P. 148.

1238. — 18 Janvier.

Lettres par lesquelles Thomas, comte de Flandre, et Jeanne sa femme, déclarent que pour terminer toutes les difficultés qu'il y avait entre eux et les doyen et chapitre de saint Pierre de Lille, au sujet des droits que cette église prétendait sur quelques terres dans la paroisse de Saint-Maurice à Lille, ils nomment Daniel de Bonneke pour les finir avec F. de Gand, chanoine de Saint-Pierre, arbitre choisi par cette église, et promettent de s'en tenir au jugement qu'ils prononceront, sous peine de cinq cents marcs. Si ces deux arbitres ne sont point d'accord, les deux parties ont nommé Me Nicolas de Bruges, chanoine de Tournai pour troisième arbitre. — A. N. — *Orig. en parch. scellé.* — 1.er *cart. de Fl.* Pièce 5. — 2.e *cart. id.* Pièce 6. — Imp. dans MIRÆUS, page 589.

1238 — Février.

Frère Willaume, abbé, et tout le couvent de Clairvaux font savoir à Thomas, comte de Flandre et de Hainaut, et à Jeanne sa

femme, que selon ce qui leur a été dit de leur part par A., abbé
d'Igny, ils ont statué que les frères ne sortiraient pas de chez
eux pour faire la moisson, sans avoir célébré la messe solennelle,
et pour en témoigner toujours la reconnaissance aux comte et
comtesse, ils veulent que l'on fasse au commencement de chaque
moisson lecture de cette charte. — A. N. — *Orig. en parch.
scellé.* — *2.ᵉ cart. de Fl.* Pièce 139.—*8.ᵉ cart. de id.* Pièce 243. —
Imp. dans le *Thésaurus anecdotorum* du P. MARTÈNE, t. 1.ᵉʳ, col.
1010.

—

1238. — Août.

Godefroi de Perois, le *Monicus*, châtelain de Bruxelles, Arnoul de Wezemale et Henri de Otoncourt, chevaliers, se constituent cautions pour l'exécution de la sentence que Robert comte
d'Artois rendra sur la difficulté qu'il y avait entre le duc de
Lothier et de Brabant et Walerand de Lamb... (Limbourg)
d'une part, et Thomas et Jeanne sa femme, comte et comtesse de
Flandre, d'autre part, au sujet du château de Poilvache (pays de
Namur) et s'engagent à la faire observer. — A. N. — *1.ᵉʳ cart.
d'Artois*, pièce 120.

—

1238. — Août.

Thomas, comte de Flandre et de Hainaut, et Jeanne sa femme
promettent de se soumettre à la sentence que doit rendre Robert,
comte d'Artois, pour terminer la difficulté qu'il y avait entre
Henri, duc de Lothier et Galet (*sic*) de Limbourg d'une part, et
eux d'autre part, au sujet du château de Poilvache. Ils donnent
pour cautions l'avoué de Béthune, Arnoald d'Audenarde, Bau-

duin d'Aire , Mallix de Meternes , Gautier de... sénéchal de
Flandre , Guillaume de Béthune , et Fastrés de Ligne , chevaliers. — A. N. 1.er cart. d'Artois , Pièce 121.

1238. — 25 Octobre.

Lettres par lesquelles Thomas, comte de Flandre et de Hainaut,
mande et ordonne à ses baillis et échevins du Dam de rendre
promptement la justice aux marchands étrangers, parce qu'on lui
avait porté plainte qu'ils négligeaient de le faire. — A. N. —
cart. de Fl. Pièce 166.

« Cette pièce est datée de 1228 , dans le cartulaire , mais c'est
» une erreur ; Thomas de Savoie n'était pas alors le mari de la
» comtesse Jeanne ; Ferrand son premier époux vivait encore
» cette année et elle ne s'est remariée , comme on sait , qu'en
» 1237. »

1238. — 9 Mars.

*Lettres de Thomas et de Jeanne , contenant les arrangements
de famille conclus par leur entremise , entre Watier , sire
d'Avesnes et Bouchard son frère.*

Je Thomas, cuens de Flandres et de Hainau , et je Jehenne,
contesse de Flandres et de Hainau, faisons savoir à tous çaus qui
sont et qui venront, que Watiers, sires de Avesnes, et Bouchars,
ses frères , ont fait tous convenances par devant nos : c'est à

savoir que Watiers, sires de Avesnes, a dené et otroié à Bouchart, sen frère, et à ses hoirs Jehan et Bauduin, heritaulement Estruem et toutes les apendances, et se a assené au dit Bouchart et à ses hoirs, Jehan et Bauduin, trois cents livres de blans, chascun an, à prendre héritaulement à sen winage de Avesnes, as forages, as tonnius, as estalages, as deniers de le hale et as apendances dou winage, des premiers deniers qui venront as winages et as apartenances et as choses devant dites. Et se commencera li prise dou winage et des choses deseur dites chascun an, le jour de feste saint Jehan decolasse; et cil Bouchars porra metre sen serjant por recoivre le winage jusques à tant qu'il ait receus les trois cens livres devant dis, contamment, par le serjant ledit Watier, seigneur de Avesnes. Et cil doi serjant doivent faire féauté de conter loiaument; et s'il avenoit que li dis Watiers acensesit sen winage, cil à cui il le acensiroit fineroit au gré dou dit Bouchard des devant dis trois cens livres, ou li dis Bouchars i meteroit sen serjant, tant que li denier devant dit fussent receu par loial conte par leur deux serjans. Et se li a dené le moitié dou winage de Bouloingue, et en tel manière cum ci devant est dit. Dou winage de Avesnes en prendera li dis Bouchars cent livres au winage de Landrechies. Et se li a dené li dis Watiers les hommages qui meuvent de le terre de Estruem. Et se li Winages de ces deus lius devant dis ne voloient cel assenement qui est dis, li dis Watiers et si hoir sont tenu au parfaire s'il ne déchaoient par commune werre. Et se li a dené li dis Watiers toute la terre que mesire Wis, leur frère, tint delà le Haie de Avesnes, tout ensi cum il le tint. Et toutes ces choses que ci deseur sont noumées a li devant dis Watiers dené audit Bouchart et à ses hoirs, Jehan et Bauduin, en partie de terre, et li dis Bouchars et si hoir, Jehans et Bauduins, les ont receues en partie de terre. Et par ces choses que ci devant sont dites, a quité li dis Bouchars et si hoir, Jehans et Bauduins, audit Watier, seigneur de Avesnes, et à ses hoirs, toute la terre qui leur vient de par leur père et de par leur mère : c'est à savoir à Huon, conte de Saint-Pol et de Bloys, et à Marie, contesse de Bloys et de Saint-Pol, et à sess hoirs. Et ces choses ont otroiés li cuens de Saint-Pol devant dis et Marie sa femme par devant nos. Et toutes ces

choses devant dites tient li dis Bouchars dou devant dit Watier,
seigneur de Avesnes, en fié et en hommage lige. Et toutes ces
choses devant dites sont faites en no cort par loi et par le juge-
gement des pers le devant dit Watier et de nos honmes qui
jugier peurent et durent. Et li quitance que li devant dis Bouchars et si hoir, Jehans et Bauduins, ont fait au devant dit Watier
et à ses hoirs est à entendre de le terre que menrent au devant
dit Watier et au devant dit Bouchart de par leur père et de par
leur mère. Et por que ce soit ferme chose et estaule, à le requeste
des parties, nos avons ces letres seelées de nos séaus. Ce fu fait
l'an de le incarnation nostre Seigneur mil et deus cens et trente
ouit, ou mois de marc, le meeredi apres le mi-quaresme. — A.
N. — *Original scellé des sceaux de Thomas et de Jeanne, en cire
jaune.*

___

1238 — Mars.

Hues de Châtillon, comte de Saint-Pol et Marie (d'Avesnes)
sa femme, confirment et approuvent les lettres accordées par
Wautier d'Avesnes leur père, à Bouchard son frère, pour la
succession de leur père et mère.—A. N.—1.er cart. de Hainaut,
pièce 16. — Imp. *Thesaurus anecdoct.* de Dom MARTÈNE. T. 1.
col. 1008.

___

1238. — 9 Mars.

Mémoire donné par les prévôt, doyen et chapitre de Saint-
Pierre de Lille contre les comte et comtesse de Flandre, dans
lequel ils exposent que la terre qui leur appartient sur la pa-

roisse de Saint-Maurice, à Lille, leur a été donnée par Bauduin, comte de Flandre, leur fondateur, exempte de toute charge et qu'il est injuste que l'on veuille y percevoir des droits sur le vin dans le temps de la foire de Lille, etc., etc. — A. N. — *Orig. en parch. scellé.* — 1.er *cart. de Fl.* Pièce 5. — 2.e *cart. de Fl.* Pièce 6. Imp. MIRÆUS, III, p. 589.

———

1239. — 17 Juin.

Thomas, comte de Flandre et de Hainaut, mande à son bailli de Gand d'empêcher qu'on ne fasse payer le droit de tonlieu à Gand aux habitants de la ville du Dam jusqu'à ce qu'on ait prouvé qu'ils y sont obligés. — A. N. — 3. *cart. de Fl.* pièce 165.

———

1239. — 5 Mai.

La comtesse Marguerite (ce doit être la comtesse Jeanne) confirme les lois données à la ville de Landas par Amaury, sire de Landas. — A. N. — *Copie simple en papier.*

———

1239. — Septembre.

Lettres par lesquelles les comtes Thomas et Jeanne déclarent que, voulant pourvoir à l'administration de l'hôpital qu'ils avaient fondé à Lille, près de leur maison, ils nomment des proviseurs à cette maison. — A. N. — *Copie simple en parch.* — Imp. MIRÆUS. III. p. 104.

14

1239. — Sans date.

Mention des lettres données par le comte Thomas et Jeanne, sa femme, portant confimation des priviléges accordés à la ville du Dam par Philippe, comte de Flandre et de Vermandois. — A. N. — 3.ᵉ *cart. de Fl.* Pièce 164.

———

1240. — Juillet.

Lois et coutumes appelées *cora* (keure) données *terræ* (à la châtellenie) de Bourbourg par Thomas, comte de Flandre et la comtesse Jeanne, sa femme. — A. N. — *Origin. en parch. scellé.*

———

1240. — Juillet.

Lois et coutumes données à la châtellenie de Furnes par le comte Thomas et la comtesse Jeanne. (Les mêmes que celles données à la châtellenie de Bourbourg). — A. N. — *Orig. en parch. scellé.*

———

1240. — Juillet.

Lois et coutumes données à la terre de Berghes-St.-Winoc par les mêmes souverains. — A. N. — *Or. parch. scellé.*

1240. — Août.

Lettres par lesquelles P., prévôt, P., doyen et tout le chapitre de Cambrai déclarent que, pour terminer toutes les difficultés qu'il y avait entre eux d'une part, et les comte et comtesse de Flandre et de Hainaut, Thomas et Jeanne, d'autre part, au sujet de la justice haute et basse d'Onnaing et Quarouble, de l'avouerie et des pâturages qui y appartiennent, ils sont convenus des articles suivants, etc., etc. — A. N. — *Orig. en parch. scellé.* — 1.ᵉʳ *cart. du Hainaut*, pièce 67.

1240. — Janvier, à Bruges.

Lettres par lesquelles Thomas, comte de Flandre et de Hainaut, et la comtesse Jeanne sa femme, règlent, à la demande des échevins et communauté de Bruges, la façon dont seront nommés les échevins de cette ville, etc., etc. — A. N. — 4ᵉ *cart. de Fl.* Pièce 72.

1240.

Lettres par lesquelles Thomas et Jeanne cèdent à perpétuité, au profit de l'hôpital de Sainte-Elisabeth au Quesnoy, le droit qu'ils avaient de conférer les bourses dans les écoles de cette ville, après la mort de Henri *Custodi* (gardien) de Mons, à qui ils l'avaient donné, à condition que les proviseurs de cet hôpital seront obligés de conférer gratuitement comme ces princes faisaient et de prendre le conseil du prieur des prêcheurs de Valenciennes. — A. N. — *Orig. en parch. scellé.*

1241, ou environ.

Keure et priviléges accordés par Jeanne aux habitants de Caprick. — A. N. — *Reg des chartes*, 1366, f° 19.

———

1241. — 6 Avril, à Male.

Jeanne mande à l'avoué de Béthune de remettre au porteur des présentes lettres, en présence d'un échevin de villes de Gand, Bruges, Ypres et Lille, le traité fait entre le royaume d'Angleterre et le comté de Flandre. — A. N. — *Or. parch. scellé.*

———

1241. — Mai, à Douai.

Thomas et Jeanne reconnaissent que les échevins, bourgeois et hommes de la ville de Douai, doivent jouir de tous les marais qui sont autour de cette ville, comme ils en ont toujours joui depuis le comte de Flandre, Philippe. — A. N. — *Or. parch. scellé.*

———

1241. — Mai.

Thomas et Jeanne règlent la forme de l'élection et les prérogatives des échevins de la ville du Dam. — A. N. — 3.° *cart. de Flandre*, pièces 167 et 168.

———

1241. — 1.ᵉʳ Juillet à Courtrai.

Thomas et Jeanne terminent les difficultés qui existaient entre les échevins et bourgeois de Bruges , d'une part, et ceux du Dam , d'autre part , au sujet des *otages de la paix*. — A. N. — 4.ᵉ *cart. de Fl.* pièce 73.

————

1241. — Dans l'octave de S.te-Marie, vierge.

Renaud, maître de la milice du Temple au baillage de *Landimesio* décharge Bouchard d'Avesnes de toutes les difficultés qu'ils avaient ensemble au sujet du vivier de Saint-Aubain et autres terres. — A. N. — 1.ᵉʳ *cart. de Hainaut.* Pièce 17.

Nota. Nous avons énoncé plus haut que Bouchard vivait encore vers 1240 : voilà un acte qui le prouve de reste.

————

1241. — Août , à Gand.

Thomas et Jeanne acceptent le don que leur avaient fait les abbé et couvent de Tronchiennes de la moitié d'un lieu appelé *Hulsterlo* avec une moere et des pâturages ; lesquels biens avaient été jadis donnés à cette abbaye par Thierri, comte de Flandre et Swanichilde (Sybille) d'Anjou, sa femme. — A. N. — *Copie simple en parch.*

————

1241. — Septembre.

Thomas et Jeanne remettent à toujours aux échevins et bourgeois de la ville du Dam un cens appelé *Stalpenenghe* (droit d'étalage) , leur donnent la permission de bâtir une halle , leur accordent de pouvoir bannir à terme les querelleurs et les calomniateurs , défendent aux baillis et receveurs du tonlieu de tenir taverne au vin et d'en vendre *à broc*, et condamnent à 60 livres ceux qui y contreviendront et ceux qui enfreindront les trèves.— A. N. — 3.ᵉ *cart. de Flandre*, pièce 169.

1241. — Septembre.

Thomas et Jeanne remettent aux échevins et à la communauté de la ville de Nieuport tous les droits qui leur avaient été adjugés par les arbitres au sujet des difficultés qu'il y avait entre le comté d'une part , et le chapitre de S.te-Walburge de Furnes , d'autre part. — A. N. — *Cop. simple en parch.*

1241. — Février.

Thomas et Jeanne assignent à l'abbaye et aux religieuses de N.-D., ordre de Citeaux, qu'ils ont fondées depuis peu dans un lieu appelé *Hiec* près Dixmude (abbaye de S'hemelsdaele , 85 livres de rente annuelle à percevoir sur les briefs de Dixmude. — A. N. — 2.ᵉ *cart. de Fl.*, pièces 60 et 91 — 3.ᵉ id. p. 164.

1241. — Février, à Gand.

Thomas et Jeanne donnent à l'hôpital d'Alost le droit de no-
mination d'un chapelain dans cette ville, droit qui leur appartenait. — A. N. — *2.ᵉ cart. de Flandre* pièce 473. — *Sous un
vidimus de J. abbé de Ninove de 1287.* — Imp. MIRÆUS, III, 681.

1241. — Mars.

Thomas et Jeanne déclarent que, s'ils lèvent des tailles et im-
positions dans la terre de Bourbourg, comme ils le font dans
celles de Furnes et de Berghes, ils remettront à la chatellenie
de Bourbourg ce que pourrait rapporter la terre de Langle. —
A. N. — *Or. parch. scellé.*

1242. — Novembre.

Thomas et Jeanne donnent une rente annuelle de six livres de
blancs à l'abbaye de St.-Dizier. — A. N. — *Or. parch. scellé.*

1242. — Décembre.

Thomas et Jeanne donnent à l'abbaye de Marquette lez-Lille,
cinquante bonniers de moeres près de la maison dite *Scote*
qui appartient à ladite abbaye entre *Baudeloo* et *Artevelde*, à
condition que l'abbesse sera obligée de livrer tous les ans huit
tonneaux de vin, tant à l'infirmerie qu'au couvent pour faire des
pitances. Le comte se réserve la justice sur cette terre. — A.
N. — *Reg. des chartes.* 1, f. 61.

1242. — 1 Décembre.

Thomas et Jeanne donnent à toujours à l'hôpital que la comtesse a fondé à Lille tous les moulins qui leur appartiennent à Lille et à Wazemmes, à condition que cet hôpital paiera annuellement vingt livres pour la fondation et l'entretien d'une chapelle à la volonté de Marguerite, dame de Dampierre, sœur de la comtesse. — A. N. — *Copie simple en parch.*

1242. — Mars.

Frédéric II, empereur des Romains, roi de Jérusalem et de Sicile, déclare avoir légitimé Jean et Bauduin d'Avesnes, fils de Bouchard d'Avesnes et de Marguerite, sœur de la comtesse de Flandre, par un privilége scellé d'une bulle d'or et les avoir rendus habiles à succéder aux biens de leur père et mère. — A. N. — 1.er *cart. de Hainaut*, pièce 53. — Imp. *Thesaur. Anecdoct.* de Martene, I, col. 1021.

1243. — Août.

Thomas et Jeanne décident, après avoir pris l'avis des barons de Flandre, savoir Robert, avoué d'Arras, sire de Béthune, Arnoul, sire de Cisoing, Arnoul de Mortagne, châtelain de Tournai, et Philippe, sire de Boulers, qu'Arnoul de Landas, sire d'Esne, pouvait donner aux frères du Temple toute la terre qui lui apartenait dans le bois de Nieppe, quoique ses enfants s'y opposassent, etc. Le comte se réserve certains droits de juridiction. — A. N. — *Or. parch. scellé.*

1244. — 4 Décembre.

Testament de la comtesse Jeanne.

In nomine Patris et Filii et Spiritûs Sancti. — Amen.

Ego Johanna, Flandrie at Hannonie comitissa, ob remedium anime mee et antecessorum et successorum meorum, condo testamentum meum sub forma subscripta et volo quod valeat ut testamentum, quod si non potest, valeat ut codicillus vel sicut extrema dispositio decedentis. Inprimis volo quod debita mea, de quibus constiterint, plenarie persolvantur. Si alicujus hereditatem injuste occuparvi, vel a meis antecessoribus injuste occupatum detinui, illud reddo et restituo ubicumque situm sit, et do potestatem executoribus meis subscriptis assignandi et inducendi in possessionem illos quibus competit de jure restitutio facienda, et volo quod ad plenum eis satisfat de dampnis et interesse, sicut de jure fuerit faciendum. Ad restitutiones autem meas faciendas, assigno tria milia librarum et quingentas libras Flandrensis monete percipiendas annuatim in paratioribus redditibus vel proventibus totius Flandrie et Hannonie, ubicumque subscripti testamentarii mei maluerint vel elegerint, sive in nemoribus, sive acensis, sive proventibus quibuscumque. Et volo et firmiter statuo quod successor meus tale assignamentum subscriptis testamentariis meis faciat et exhibeat, sicut superius est expressum, ad dictum eorum statutum, cum ab ipsis fuerit requisitus. Et volo modis omnibus et ordino quod, ad predictos redditus vel proventus a subscriptis meis electos, non apponat manus successor meus per se, vel per suos, nec apponi permittat, sed omnes feodatos, vel alios ministros per quos forte illi redditus vel proventus procreantur vel solvuntur jurare faciat quod nulli omnino solvent predictos redditus vel proventus nisi testamentariis ipsis vel mandato eorum, et ipsis testamentariis prefatos redditus vel proventus conservare teneatur, et ab omni invasore, vel molestatore, tam ipsos testamentarios quam redditus et proventus predictos suis sumptibus defensare. Predictos autem proventus trium milium et quingentarum librarum annuatim sument subscripti testamentarii mei, donec restitutiones mee omnino complete fuerint, et donec etiam elemosine seu legata alia mea, videlicet decem milia libiarum Flandrie, fuerint totaliter et integraliter persoluta. Lego siquidem et in elemosinam confero, in remedium anime mee et antecessorum et successorum meorum, necnon et intuitu restitutionis faciende generaliter pro illis quibus restitutio certa fieri non valebit, decem milia librarum Flandrie eroganda per executores testamenti mei, ubi et sicut a me expresse fuerit ordinatum, et in litteris meis videbitur contineri. Quod si forte super hoc nichil me scribere contingeret, volo quod executores mei subscripti credant super hoc karissime sorori mee, Margarete, domine de Dampetra, priori Insulensi et priori Valencenensi ordinis predicatorum, fratri Petro de Squelmis, fratri Michaeli et fratri Henrico de Querceto, vel duobus istorum, ut faciant et distribuant sicut predicta karissima soror mea et dicti fratres, vel duo predictorum, me dixerint ordinasse. De hiis autem de quibus expresse scripto vel verbo non ordinavero, executores mei subscripti faciant pro utilitate anime mee, secundum quod eis melius videbitur, distribuentes ea in terra nostra de consilio predicte sororis mee et fratrum predictorum. Ad familiam autem meam remunerandam, lego de supradictis decem milibus libris mille quingentas libras, cuilibet, sicut verbo vel scripto ordinabo conferendas ; vel si non de eis totaliter ordinavero, testamentarii mei residuum predicte pecunie, de qua expresse non ordinavero, distribuant de consilio dicte sororis mee et fratrum predictorum singulis de familia mea, secundum meritum et statum suum. Et de predicta pecunia, mille quingentis libris lego Johanne de Monsteroel ducentas libras Flandrie, et domine Marie de Castello centum libras. Item, prediete Johanne lego quadraginta libras annui redditus hereditarie et dicte Marie decem, de consensu et voluntate sepedicte sororis mee. Volo insuper et ordino quod quinquo milia libras Flandrie, de parata pecunia quam michi benigne concessit ad solvendum testamentum meum, si de hac infirmitate decessero, karissimus dominus et maritus meus, Thomas, Flandrie at Hannonie comes, sicut in suis litteris continetur, in manu sint et dispositione testamentariorum meorum subscriptorum ad faciendas restitutiones meas celeriter per manum ipsorum, ne ex mora et tardatione anima mea dispendium patiatur. Volo autem et ordino quod, ad judicium testamentariorum meorum subscriptorum pertineat et non ad judicium successoris mei cui et quibus et qualiter restitutiones maxime de mobilibus fuerint faciende. Volo insuper et statuo quod omnes juelli mei, reliquie et libri, vasa aurea et argentea et omnia superlectilia mea et indumenta de capella, mensa, camera seu etiam coquina mea, et si qua sunt alia, et omnia mobilia mihi specialiter deputata, quocumque in die obitus mei poterunt inveneri, in manu sint et dispositione testamentariorum meorum subscriptorum ut ipsi disponant super eisdem pro utilitate anime mee, secundum conscientias suas, de consilio sororis mee et fratrum ordinis predicatorum superius nominatorum, nisi super hiis expresse a me verbo vel scripto fuerit ordinatum. Ego autem compos existens mentis mee et in bono rationis usu, predicta omnia ordinavi, et expresse constitui et constituo executores testamenti mei reverendos in Christo ac dominos meos Cameracensem et Tornacensem episcopos, quicumque pro tempore fuerint, virosque venerabiles et discretos, dominum Walterum, abbatem Sancti-Johannis in Valencena, magistrum Gerardum, scolasticum Cameracensem, Magistrum A., decanum de Aula et Magistrum Egidium de Brugis, prepositum Sancti-Petri Duacensis. Quod si forte aliquem vel aliquos predictorum testamentarionem decedere contingat, volo et statuo quod illi qui residui fuerint, ad voluntatem suam, alium vel alios eligant, secundum conscientias suas, qui loco illorum testamentarii mei sint et vices suppleant defunctorum. Et si omnes simul executioni testamenti nequirent vel noluerint, interesse volo nichilominus quod tres vel duo ipsorum possint procedere in executione testamenti mei, secundum quod eis videbitur expedire. Volo etiam quod si qua ambiguitas oriatur super verbis in testamento meo positis, ad judicium et interpretationem testamentariorum meorum sepedictorum spectet omnino, ita quod interpretatio eorum firmiter teneatur. Volo etiam quod ipsi testamentarii mei illo ordine procedant in restitutionibus faciendis et in legatis aliis persolvendis, quo de jure fuerit procedendum, pensantes quod anime mee utilius fuerit. Pauperibus autem et egenis citius satisfaciant et quibus amplius sum astricta. Omnibus autem predictis suum prebuerunt assensum illustris et karissimus dominus et maritus meus, Thomas, comes Flandrie et Hannonie, et karissima soror mea, Margareta, domina de Dampetra; et promiserunt bona fide se predicta omnia, quilibet pro parte sua, firmiter et inviolabiliter servaturos, et ad hoc confirmandum, apposuerunt sigilla sua presenti scripto. Volo igitur et statuo modis omnibus quibus possum quatinus predicta omnia firmiter et inviolabiliter observentur. Tandem supplicans ex affectu tam karissime sorori mee quam predictis testamentariis meis et omnibus fidelibus et amicis meis quam ita diligenter et celeriter omnia procurentur quam anima mea nullum ex retardatione dispendium patiatur in futuro. Hec autem omnia ordinavi presentibus domino et marito meo, Thoma comite, et Margareta, sorore mea, priore Valencenensi ordinis predicatorum, G. preposito de Marchianis, fratre Petro de Squelmis, fratre Michaele, fratre Henrico de Querceto, ordinis predicatorum, A. decano de Aula, domino Fastredo de Linea, domino Gerardo de Hanonia, domino Waltero de Lens et pluribus aliis. In cujus rei noticiam, presens scriptum feci sigilli mei munimine roboravi, sigillorumque predicti comitis et dicte sororis mee, prioris Valencenensis, decani de Aula, domini Fastredi, domini Gerardi de Hanonnia, domini Walteri de Lens. Actum anno Domini, millesimo ducentesimo quadragesimo quarto, dominica secunda in adventu Domini. — A. N. — Or. parch. scellé. — *Sous le vidimus des prévôt, doyen et chapitre de Saint-Pierre, à Lille.*

TABLE.

—

Page.

FIN.